重庆文理学院学术专著出版资助项目

非物质文化遗产对外传播及翻译研究

覃海晶 王东 ◎ 著

中国财经出版传媒集团
经济科学出版社
Economic Science Press
·北京·

图书在版编目（CIP）数据

非物质文化遗产对外传播及翻译研究/覃海晶，王东著．－－北京：经济科学出版社，2023.12
ISBN 978 - 7 - 5218 - 5164 - 9

Ⅰ.①非… Ⅱ.①覃…②王… Ⅲ.①非物质文化遗产 - 文化传播 - 研究 - 中国②非物质文化遗产 - 翻译 - 研究 - 中国 Ⅳ.①G122②H059

中国国家版本馆 CIP 数据核字（2023）第 186020 号

责任编辑：胡成洁
责任校对：孙　晨
责任印制：范　艳

非物质文化遗产对外传播及翻译研究
FEIWUZHI WENHUA YICHAN DUIWAI CHUANBO JI FANYI YANJIU
覃海晶　王　东　著
经济科学出版社出版、发行　新华书店经销
社址：北京市海淀区阜成路甲 28 号　邮编：100142
总编部电话：010 - 88191217　发行部电话：010 - 88191522
网址：www.esp.com.cn
电子邮箱：esp@esp.com.cn
天猫网店：经济科学出版社旗舰店
网址：http://jjkxcbs.tmall.com
北京季蜂印刷有限公司印装
710×1000　16 开　12.75 印张　200000 字
2023 年 12 月第 1 版　2023 年 12 月第 1 次印刷
ISBN 978 - 7 - 5218 - 5164 - 9　定价：68.00 元
(图书出现印装问题，本社负责调换。电话：010 - 88191545)
(版权所有　侵权必究　打击盗版　举报热线：010 - 88191661
QQ：2242791300　营销中心电话：010 - 88191537
电子邮箱：dbts@esp.com.cn)

前　言

翻译和传播密不可分。中国的非物质文化遗产要走出国门、走向世界，让更多人了解和喜欢中国非物质文化遗产，让非物质文化遗产得到更好的传承和传播，翻译不可或缺。

翻译是一种跨文化传播，翻译与传播相辅相成，传播是翻译的目的和出发点，翻译是传播的方法手段。翻译是一门与多门学科有交叉的学科，翻译的跨学科研究也是学科热点。厘清翻译的传播本质和翻译与传播的关系，有助于从传播的角度理解翻译，为翻译研究提供新的视角。

目前，中国列入人类非物质文化遗产代表作名录的项目多达40项，是全世界联合国教科文组织人类非物质文化遗产相关项目最多的国家。这体现了国家对非物质文化遗产的关注和保护水平，同时也意味着非物质文化遗产在国际文化传播及交流等方面存在极大的空间，需要投入更多时间和精力。非物质文化遗产项目涵盖了文学艺术、传统知识和民俗集会等类别，体现了文化形态的巨大涵纳性、包容性和文化多样性，是中华优秀文化的重要载体和表现形式。作为全人类共同财富的非物质文化遗产，承载着历史的记忆，延续着文化的血脉。对外传播中国非物质文化遗产是每一个外语人应该担负起来的责任。中国的非物质文化遗产代表中国文化走出国门，其重要性不言而喻，其工作任重道远。

习近平同志在2021年中央政治局第三十次集体学习时强调，要更好地推动中华文化走出去，以文载道、以文传声、以文化人，向世界阐释推介更多具有中国特色、体现中国精神、蕴藏中国智慧的优秀文化。要努力实现从文化大国到文化强国的跨越，这是当代中国面临的重大课题。实现文化强大的焦点是挖掘文化的精神内核，增强文化自信，创新文化传播路径，提升国际传播能力。习近平同志指出，要深刻认识新形势下加强和改进国际传播工作的重要性和必要性，下大气力加强国际传播能力建设，形成同我国综合国力和国际地位相匹配的国际话语权，为我国改革发展稳定营造有利外部舆论环境，为推动构建人类命运共同体作出积极贡献。①

　　非物质文化遗产作为中华文化的重要组成部分，需要借助有力、有效的传播方式走出国门，走向世界舞台。要借助各种传播平台开展中华文化对外宣传，着力打造具有强大引领力、传播力、影响力的国际一流传播媒体，建设中华文化国际传播的新篇章。要加强非物质文化遗产保护和传承，积极培养传承人，让非物质文化遗产绽放更加迷人的光彩。我们要让非物质文化遗产"活起来""走出去"，更好地开展非物质文化遗产的传承和保护工作，坚定文化自信，守住民族之魂。在非物质文化遗产对外传播的过程中，有效的传播取决于对文本的有效翻译，只有高质量的翻译才能够把中国独有的非物质文化遗产立体地呈现在外国友人面前。因此，在非物质文化遗产传播过程中，高质量的翻译介入是必不可少的，也是必需的。

---

① 习近平在中共中央政治局第三十次集体学习时强调加强和改进国际传播工作展示真实立体全面的中国，中国政府网（来源：新华社），https://www.gov.cn/xinwen/2021-06/01/content_5614684.htm。

目 录

绪论 ………………………………………………………………… 1

第一章 非物质文化遗产概述 ………………………………… 6
 第一节 非物质文化遗产的定义 …………………………… 6
 第二节 非物质文化遗产的分类 …………………………… 9
 第三节 非物质文化遗产的特性 …………………………… 11
 第四节 非物质文化遗产的传承 …………………………… 13
 第五节 非物质文化遗产的可持续性发展 ………………… 16
 第六节 非物质文化遗产保护面临的挑战 ………………… 21

第二章 非物质文化遗产的对外传播 ………………………… 24
 第一节 非物质文化遗产传播现状 ………………………… 24
 第二节 非物质文化遗产的传播策略 ……………………… 26
 第三节 非物质文化遗产传播的影响因素 ………………… 31
 第四节 非物质文化遗产传播的方式 ……………………… 33
 第五节 非物质文化遗产的数字化传播 …………………… 35
 第六节 非物质文化遗产的多元化传播 …………………… 45

第三章 图文时代的非物质文化遗产传播 …………………… 52
 第一节 非物质文化遗产的多模态传播 …………………… 53
 第二节 非物质文化遗产传播中的图文关系 ……………… 58
 第三节 非物质文化遗产中的视觉修辞 …………………… 66

第四章 非物质文化遗产的翻译 ·· 71
- 第一节 非物质文化遗产的对外翻译 ································· 71
- 第二节 非物质文化遗产对外翻译现状 ······························ 72
- 第三节 非物质文化遗产翻译中的跨学科研究 ····················· 78
- 第四节 非物质文化遗产的翻译策略 ································· 79
- 第五节 非物质文化遗产的图文间性及其翻译 ····················· 87
- 第六节 非物质文化遗产翻译中的生态翻译 ························ 92
- 第七节 非物质文化遗产翻译中的译者意向性操纵 ··············· 96

第五章 非物质文化遗产的分类翻译 ·································· 104
- 第一节 音乐类非物质文化遗产的传播和翻译 ··················· 104
- 第二节 民间文学类非物质文化遗产的传播和翻译 ·············· 119
- 第三节 民俗类非物质文化遗产的传播和翻译 ··················· 129
- 第四节 传统医学类非物质文化遗产的传播和翻译 ·············· 144
- 第五节 传统戏曲类非物质文化遗产的传播和翻译 ·············· 153
- 第六节 手工艺类非物质文化遗产的传播和翻译 ················· 165

第六章 非物质文化遗产翻译研究的新方向 ························· 175
- 第一节 平行文本比较模式 ··· 175
- 第二节 翻译修辞学视角 ·· 179

第七章 非物质文化遗产的口译 ·· 182

结语 ··· 189

参考文献 ·· 190

绪　　论

　　从传播的定义来看，传播是一个沟通参与的过程。在这个过程中，发送者、中介和接受者在传播者与接受者之间形成了传递和交换关系。任何信息的传递和交换都可以看作一种传播。翻译是通过语言的转换将一种语言的信息用另一种语言表达传递的过程。由此可以看出翻译是两种语言之间信息的传递，是一种传播，是一种涉及两种语言的、不同文化之间的传播。

　　翻译是一种有目的的行为，任何传播也都是具有目的性的。传播的目的在于协调传播过程中的各个要素以便获得良好的传播效果，翻译与传播在具有目的性方面是一致的。

　　传播的过程涉及四个基本要素：传播者、传播内容、媒介和受传者。在传播过程中，四要素之间相互作用形成了重要的三个环节：信息传达、信息接收和信息反馈。信息的传达中，传播者根据一定的目的在信息海洋中选出有关的信息内容进行传播，确定内容后按照不同的媒介特点将信息转换成不同的符号。在翻译中，译者根据翻译的目的选取相应的文本，将文本信息由源语符号形式转换成译入语符号形式进行传递。在信息接收环节，受传者根据符号进行"解码"，将符号转换成了信息。在翻译过程中，读者接收到的是译者译制的带有源语信息的译语符号，通过"解码"译语符号，接收到源语信息。译入语读者并不是被动接受的，而是能动接受的。反馈，是在传播过程中，受传者接收信息后，运用代码将自己的感受、评价以及愿望和态度所做出的反应。传播者可以从其预期的受传者的反馈中，及时调节和改善传播行为，进行更有效的传播。在笔译中反馈短期并不明显，但长期仍可以得到相应的反馈，但在口译过程中，译者可以得到即时反馈，能够对译文进行及时调整。可见，翻译的过程实质上是传播的过程。文化的传播和翻译密不可分，探讨非物质文化遗产的传播，翻译也是重要部分。

提起非物质文化遗产，大多数人可能仅仅是听过这个词而已，具体涉及什么并不清楚，认为这并不是一个大众话题。其实吹的糖人儿、吃的月饼、画的糖画、听的地方戏曲、放的风筝、穿的某些面料、逛的某些古城等都是非物质文化遗产。非物质文化遗产就在我们身边，它比我们想象中更加伟大和强盛。非物质文化遗产是人类历史文化中的无价瑰宝，是一个国家和民族历史文化成就的重要标志，是优秀传统文化的重要组成部分，展示着一个民族的历史轨迹，同时也承载着一个民族的文化记忆。有着五千年历史文化底蕴的中国孕育了无数非物质文化遗产，它们记载着文明的进步、社会的发展、人们生活的变化、风俗习惯、人生信仰等，见证了国家和民族一步步向前行进的脚印。非物质文化遗产是一种活态的文化，随着时间的推移，非物质文化遗产得到一代代传承和发扬，越来越多的非物质文化遗产得以保护和合理开发。同时，随着社会的发展和进步，因为需求的降低甚至是零需求，部分非物质文化遗产渐渐被遗忘和消失。非物质文化遗产要得到保护和弘扬，大力进行有效保护和传播是非常有必要的，是迫在眉睫的大事。

随着我国"走出去""引进来"的双向开放的深化，不仅经济要"走出去"，同时文化也需要"走出去"。文化产业在各国经济发展中具有越来越重要的地位。习近平同志在 2013 年指出了要提高国家文化软实力，这关系"两个一百年"奋斗目标和中华民族伟大复兴中国梦的实现。要努力夯实国家文化软实力的根基、努力传播当代中国价值观念、努力展示中华文化独特魅力、努力提高国际话语权。[①] 然而，中华传统文化的宣传和推介处于相对"原生态"的状态，优秀的文化传统资源优势并未充分发挥作用，并未转化成为强大的现实生产力。部分外国人对于中国传统文化的

---

① 提高国家文化软实力（习近平在主持十八届中央政治局第十二次集体学习时的讲话要点），旗帜网，http：//www.qizhiwang.org.cn/n1/2020/0820/c433581 - 31829774.html。

认知和理解存在偏差和误解，错误解读了中国传统文化，对中华文化的保护和弘扬存在极大威胁和挑战。

在进一步阐述本书的写作背景之前，先来分清一个区别，那就是中华文化和中国文化的区别。中华文化是中华各地文化的泛称，也称华夏文化、汉文化、中华古文化、中国古代文化，指以中原文化为基础不断演化、发展而成的中华特有文化。中国文化是华夏文明为基础，充分整合全国各地域和各民族文化要素而形成的文化，也可以称为"中国的文化"。中国文化和中华文化的不同点在于中华文化具有国际属性。中国非物质文化遗产属于中国文化的一部分，在世界范围内占据重要位置。但是对于非物质文化遗产的保护和传承起步较晚，不少宝贵的非物质文化遗产都濒临消失，要想非物质文化遗产充满活力和更强的生命力，传承和传播必须放在首位。社会的发展和进步给非物质文化遗产的传播带来了新的机遇和挑战，新技术让非物质文化遗产的传播和传承更加多样化。但随着社会节奏的加快，人们对非物质文化遗产的了解和认识并不充分，有的非物质文化遗产随着时代的进步慢慢退出社会发展进程，成为一种历史痕迹。

随着视觉化技术的发展，很多非物质文化遗产以视频的形式进行呈现。但笔者发现，一些关于非物质文化遗产项目的视频除了开头的一个大标题，其余部分仅仅是展示项目本身，没有任何的讲解和介绍，连中文解说词都没有，这让观看者在不同程度上对所展示的内容不清楚，使得信息传递不明确。除此之外，非物质文化遗产的视频大都有详细的介绍和解说，但是绝大部分都仅限于中文字幕，在中文介绍同时配有英文版的视频相对较少，这大大降低了非物质文化遗产对外传播效果。

截至2020年，我国入选联合国教科文组织的非物质文化遗产名录、名册的项目已达42个，是世界上拥有世界非物质文化遗产数量最多的国家。在继续保护这些文化遗产的同时，需要挖掘、开发和保护更多的非物质文化遗产项目，使更多宝贵的项目成功申报为非物质文化遗产，让大众所了解和认识，并走出国门，走向世界舞台。中国非物质文化遗产的对外推广，关键在于有效的传播，有效的传播不仅在于媒介、平台、形式，而且在于传播质量。对外传播，一个重要的因素就是跨越语言障碍，得到信息传递和交流，从而得到认可和认同。传播中的翻译是一个值得探讨的话题，翻译是一种信息转换与传播行为，翻译在对外传播中的重要性不言而喻。准确、到位的非物质文化遗产对外传播翻译能够让更多外国友人了解中国、了解中国文化以及中国的非物质文化遗产。本书立足于现代社会的非物质文化遗产对外传播，深入探讨非物质文化遗产的外宣翻译。

笔者以"非物质文化遗产"为主题在知网搜索论文，一共有25409条结果，其中核心刊物上发表的有4634条结果；以"非物质文化遗产传播"为主题在知网搜索论文，一共有1122条结果，其中在核心刊物上发表的有231条结果；以"非物质文化遗产翻译"为主题在知网搜索论文，一共有169条结果，其中在核心刊物上发表的只有12条结果。从以上数据可以看出，关于非物质文化遗产的论文和相关研究较多，但是关于非物质文化遗产传播的研究就相对少很多，专注于非物质文化遗产翻译的相关论文和研究就更少了。

传播作为有目的的信息传递活动，涉及人际交往和信息的传递及沟通，不管是内向传播还是人际交流，借助媒介的是大众传播还是跨国传播，归根结底都是一项履行特定功能的社会活动。传播功能是指传播活动所具有的能力及其对人和社会所起的作用或效能，分为外向功能和内向功能。非物质文化遗产的对外传播对内推动本民族文化的传承与创新，对外成为世界认识和了解中国文化重要窗口。非物质文化遗产具有"活态性"，是以人为本的活态文化，更注重技能和知识的传承。活态性指非物质文化遗产的存在形态，活态或再生产是非物质文化遗产生存的希望，非物质文化遗产的保护更重视向前发展，而不是局限于静态固化的记录延续，活态正是生命得到延续的状态。而传播正是一种动态的行为，事物的发展和推广在广泛传播中得以实现。非物质文化遗产的独特性、活态性、传承性、变异性、综合性、民族性和地域性等基本特点决定了对其传播方式需要给予更多关注。本书在了解传播的基本理论知识的基础之上，进一步探讨非物质文化遗产的对外传播主体、传播内容、传播效果、传播媒介、传播过程、数字化传播以及图文时代非物质文化遗产对外传播过程中插图的选择等。

翻译是一种信息转换与传播行为，将一种语言信息转变成另一种语言信息的行为。在对外传播的过程中，翻译起着重要的中介作用，也是对外传播不可或缺的一部分。非物质文化遗产的翻译质量决定着非物质文化遗产的传播力度和推广效果。非物质文化遗产从不同的维度有多种分类，而且同一种非物质文化遗产项目会因为地域、民族、工艺手法等因素的不同而有所区别。在这样复杂的情况下，如何找到合适的翻译策略和方法，综合考虑应该"谁来译""译什么""怎么译""译得怎么样"是非物质文化遗产翻译工作者应该认真思考的问题。此外，在这样一个视觉年代，如何结合图片和视觉呈现工具将翻译处理得更精细，是对现代翻译工作者提出的翻译研究新方向。

本书结合非物质文化遗产对外翻译现状，并基于非物质文化遗产的多模态传播、非物质文化遗产传播中的图文关系、非物质文化遗产中的视觉修辞，探讨非物质文化遗产图文间性及其翻译、非物质文化遗产翻译中的生态翻译和非物质文化遗产翻译中的译者意向性操纵，具体分析传统音乐类、民间文学类、民俗类非物质文化遗产和非物质文化遗产文化空间的翻译，对舞蹈类、竞技类、节日类和手工艺非物质文化遗产平行文本进行对比分析，对非物质文化遗产口译研究进行探讨，总结翻译特点和策略，充分发挥翻译在非物质文化遗产对外传播中的作用，实现我国文化"走出去"的目标。

本书的研究意义主要有两个。第一，在飞速发展的现代社会，探讨如何利用各种现代技术传播和传承中国的非物质文化遗产。在看重视觉冲击为主、多模态发展呈主要趋势的社会里，中国的非物质文化遗产在传播方式上如何跟进社会的发展、如何更高效地得到保护和弘扬；第二，在走向世界的传播过程中，如何对非物质文化遗产进行高质量翻译从而提高传播效果。在文化事项的翻译过程中，会涉及一些文化专有项和中国特有文化，如何进行恰当翻译处理是决定传播效果的重要因素。研究基于中国非物质文化遗产分类对音乐类、民间文学类、民俗类、传统医学类、传统戏剧类和手工艺类非物质文化遗产的翻译进行了分析，从而得到更加有效的翻译方法和效果。

第一章　非物质文化遗产概述

第一节　非物质文化遗产的定义

非物质文化遗产（intangible cultural heritage）是一个国家和民族历史文化成就的重要标志，是优秀传统文化的重要组成部分。"非物质文化遗产"与"物质文化遗产"相对，合称"文化遗产"。

一、非物质文化遗产的联合国教科文组织定义

根据联合国教科文组织的《保护非物质文化遗产公约》，"非物质文化遗产"是指被各社区群体，有时为个人视为其文化遗产组成部分的各种社会实践、观念表达、表现形式、知识、技能及相关的工具、实物、手工艺品和文化场所。非物质文化遗产世代相传，在各社区和群体适应周围环境以及与自然和历史的互动中，被不断地再创造，为这些社区和群众提供持续的认同感，从而增强对文化多样性和人类创造力的尊重。

二、非物质文化遗产的我国定义

《中华人民共和国非物质文化遗产法》规定，非物质文化遗产是指各族人民世代相传并视为其文化遗产组成部分的各种传统文化表现形式，以

及与传统文化表现形式相关的实物和场所。

非物质文化遗产是各族人民世代相承、与群众生活密切相关的各种传统文化表现形式和文化空间。非物质文化遗产既是历史发展的见证，又是珍贵的、具有重要价值的文化资源。中国是一个历史悠久的文明古国，不仅有大量的物质文化遗产，而且有丰富的非物质文化遗产。中国各族人民在长期生产生活实践中创造的丰富多彩的非物质文化遗产，是中华民族智慧与文明的结晶，是连接民族情感的纽带和维系国家统一的基础。保护和利用好中国非物质文化遗产，对实现经济社会的全面、协调、可持续发展具有重要意义。非物质文化遗产普查，是国家在21世纪初进行的一次大规模的文化普查，是掌握全国及各地区非物质文化遗产蕴藏状况和了解民情民心的重要手段。普查所得的资料和数据，作为全面分析国情的重要资料之一，是国家或地区主管机构制定文化政策乃至制定国策的重要依据。

三、非物质文化遗产的关键词解析

非物质文化遗产最大的特点是不脱离传统的生活生产方式，是民族个性、民族审美习惯的"活"的显现。它依托于人本身而存在，以声音、形象和技艺为表现手段，并以身口相传作为文化链而得以延续，是"活"的文化及其传统中最脆弱的部分。因此对于非物质文化遗产传承的过程来说，人的传承就显得尤为重要。

（一）非物质是特征

非物质文化遗产是以人为本的活态文化遗产，它强调的是以人为核心的技艺、经验、精神，其特点是活态流变，突出非物质的属性，强调不依赖于物质形态而存在的品质。非物质文化遗产在申报过程中不可避免地被不同程度地物化。如何避免非物质文化遗产过度包装的态势、突破物质形态的藩篱和局限、保持非物质文化遗产的非物质特征，是尊重本民族祖先留下的遗产的必要态度。

（二）文化是性质

非物质文化遗产有着文以化人的礼乐作用，大部分是先辈在劳动、生活中产生的对忧乐、生死、婚配、祖先、自然、天地的敬畏或态度表达，是满足人的自然需求、社会需求和精神需求的活态文化，其实用性建立在以人为本的基础上。但现实保护中，对遗产的文化品质在不断消解，功利性目的越来越突出，甚至非物质文化遗产的留存、申报乃至保护，都有着强烈的利益驱动。不仅是个人的需要，还有当地政府的助推，使得申遗工作变成了本地的广告、旅游的宣传、增值的途径。更有甚者，对非物质文化遗产的申报就是一个异化、商品化、去神圣化、从文化常态中剥离的过程。没有经济利益的冲动，就不会有多少人会从文化本位上关注非物质文化遗产。

（三）遗产是渊源

非物质文化遗产是先辈通过日常生活的运用而留存到现代的文化财富。在历史的长河中自然生成又不断发展流变，虽然族群所处环境、与自然界的相互关系和历史条件的变化不断使这种代代相传的非物质文化遗产得到创新，但对遗产的文化认同感和历史感是始终不变的。现代的非物质文化遗产，如何保留遗迹的自然状态和真实性而减少人造的成分、如何继续保持日常性而减少节庆性、如何增强实用性而减少表演性、如何体现民间性而减少官方性，才是还原前人的遗产对后人的作用，脱离这种作用，遗产就成了包袱。当前看到的非物质文化遗产，大部分是农耕时代形成并在相对封闭落后的地方保存下来，它们能否在现代化的大潮中继续发挥作用、如何避免被现代性同化而发挥作用，是继承遗产时人们需要考虑的问题。

（四）保护是态度

"保护"一词用于非物质文化遗产，本身就说明了非物质文化遗产的脆弱性。任何事物都有产生、成长、延续、消亡的过程，非物质文化遗产未来同样处于这样一个动态的过程中。非物质文化遗产自身如果没有足够的生命力继续发展下去，对其的保护就成了一种"临终关怀"。当一个非物质文化遗产不能让后人自觉传承而需外力被动留存时，需要考虑其维持的时间。当一个非物质文化遗产要靠项目申报的方式来保护而自身难以维系时，需要想到有多少没有被列入申遗的非物质文化遗产在没有被人们关注到的偏远村落苟延残喘直到停止呼吸并随着岁月渐渐流失。现代化的冲击，商品化的影响，使非物质文化遗产失去了原有存在土壤和社会环境，也就慢慢走向消亡。当一个文化项目被装进保护的温室里，供后人从外部考察、观看、品味的时候，也许已经是一种凭吊了。

（五）民族是归属

关于非物质文化遗产，人们往往侧重于对个别民族的，特别是濒临消亡的、人口基数小的民族文化的抢救。这是非物质文化遗产保护的一个重要方面，但同时也提出了一个问题：如何突破个别民族、局部区域、特定时间、某个行业的非物质文化遗产，在中华民族的宏大叙事中，去发掘对社会成员有普遍影响，在全国大部分地区普遍覆盖，不分男女、贫富、行业、信仰等差别在全社会广泛适用的非物质文化遗产。

（六）名录是认同

如果基于西方的学术理念、按照西方文化分类方式和程序进行申报，也因为符合西方的价值评判标准而被列为世界非物质文化遗产名录，那么在这个过程中，非物质文化遗产本身可能被肢解，系统的整体性可能被碎片化、活态性演变成标本化而走失了原来的模样。在中华民族伟大复兴的时代，非物质的无形遗产更加重要，民族非物质文化遗产，包含着难以言传的意义、情感和特有的思维方式、审美习惯，蕴藏着传统文化的最深的根源，保留着形成该民族文化的原生状态。

第二节 非物质文化遗产的分类

在不同的国家，被纳入非物质文化遗产的项目并不完全相同。每个国家的民族、历史、文化乃至国情都不甚相同，因此，每个国家对于非物质文化遗产的具体分类并非完全一致，但中国的学者们提出的非物质文化遗产的分类，几乎是以联合国教科文组织颁布的《保护非物质文化遗产公约》所确立的体系为基础确立的。

一、联合国教科文组织分类

联合国教科文组织在综合了各国的非物质文化遗产情况之后，在《保护非物质文化遗产公约》中，对非物质文化遗产的分类几乎涵盖了世界各国的基本情况。

根据《保护非物质文化遗产公约》，非物质文化遗产包括以下五个方面：（1）口头传统和表现形式，包括作为非物质文化遗产媒介的语言；（2）表演艺术；（3）社会实践、礼仪、节庆活动；（4）有关自然界和宇宙的知识和实践；（5）传统的手工艺技能。

二、我国分类

中国的学者们对非物质文化遗产从不同的维度进行了多种分类，主要包括以下方面：传统口头文学以及作为其载体的语言；传统美术、书法、音乐、舞蹈、戏剧、曲艺和杂技；传统技艺、医药和历法；传统礼仪、节庆等民俗；传统体育和游艺；其他非物质文化遗产。也包括属于非物质文化遗产组成部分的实物和场所。

不同的学者有不同的分类方法。王文章在其《非物质文化遗产概论》中提出了13类分法，向云驹在其《人类口头和非物质遗产》中提出四大类分法，周耀林等人撰写的《论我国非物质文化遗产分类方法的重构》提出了宏观、中和、微观的分类方法等，对于非物质文化遗产的分类呈现众说纷纭的状态。其中，得到业界比较多认可的是王文章的13类分法，即将非物质文化遗产分为以下13类：（1）语言；（2）民间文学；（3）传统音乐；（4）传统舞蹈；（5）传统戏剧；（6）曲艺；（7）杂技；（8）传统武术、体育与竞技；（9）民间美术、工艺美术；（10）传统手工技艺及其他工艺技术；（11）传统的医学和药学；（12）民俗；（13）文化空间。

第三节　非物质文化遗产的特性

非物质文化遗产的基本特性可概括为以下几个方面。

一、独特性

非物质文化遗产中蕴涵了特定民族的独特的智慧和宝贵的精神财富，是社会得以延续的命脉和源泉。一般是作为艺术或文化的表达形式而存在的，体现了特定民族、国家或地域内人民独特的创造力，或表现为物质的成果，或表现为具体的行为方式、礼仪、习俗，这些都具有各自的独特性、唯一性和不可再生性。而且，它们间接体现出来的思想、情感、意识、价值观也都有其独特性，是难以被模仿和再生的。

二、活态性

非物质文化遗产虽然有物质的因素、物质的载体，但其价值并非主要通过物质形态体现出来，它属于人类行为活动的范畴，有的需要借助行动才能展示出来；有的需要通过某种高超、精湛的技艺才能被创造和传承下来。非物质文化遗产的表现、传承都需要语言和传承，都是动态的过程。其重视人的价值，重视活的、动态的、精神的因素，重视技术、技能的高超、精湛和独创性，重视人的创造力，以及通过非物质文化遗产反映出来的民族情感及表达方式、传统文化根源、智慧、思维方式和世界观、价值观、审美观等这些意义和价值因素。

三、传承性

从历时性来看，非物质文化遗产的传承主要依靠世代相传保留下来，一旦停止了传承活动,也就意味着死亡。而且,往往是口传心授,打上了鲜明的民族、家族的烙印,传承人的选择和确定主要着眼于与被选择者的亲密关系与对其保密性的认可。通常,以语言的教育、亲自传授等方式,使这些技能、技艺、技巧由前辈流传到后辈,正是这种传承使非物质文化遗产的保存和延续有了可能。而这些非物质文化遗产也成为历史的活的见证。假使没有这些传承活动,也就更谈不上非物质文化遗产了。

四、流变性

从共时性来看,非物质文化遗产或通过一方有意识地学习、另一方悉心传授,或老百姓自发地相互学习等文化交流方式流传到其他民族、国家和区域。非物质文化遗产的传播是一种活态流变,是继承与变异、一致与差异的辩证结合。在它的传播过程中,常常与当地的历史、文化和民族特色相互融合,从而呈现出继承与发展并存的情形。

五、综合性

非物质文化遗产是各个时代生活的有机组成部分,它是一定时代、环境、文化和时代精神的产物,与当时的社会生活有着千丝万缕的关系。而且,由于它基本上是集体的创造,从而与局限于专业或专家的文化拉开了距离,这就导致了它的综合性,有许多非物质文化遗产常常是与物质文化遗产联系在一起的。其综合性主要表现在:从其构成因素来讲,非物质文化遗产往往是各种表现形式的综合;从功能来看,非物质文化遗产往往具有认识、欣赏、历史、娱乐、消遣、教育、科学等多种作用。

六、民族性

为某一民族独有,深深地打上了该民族的烙印,体现了特定民族的独特的思维方式、智慧、世界观、价值观、审美意识、情感表达等因素。有时,随着文化交流的深入,某种非物质文化遗产流传到了其他地方,但其仍然有原先打上民族文化的烙印。特定民族的特性表现在从形式到内容的各个方面，而这些特性都会在非物质文化遗产上有很明显的表现。

七、地域性

每一个民族大都有自己特定的生活和活动区域，该地域的自然环境对该民族有很大影响，进而在此基础上形成该民族的文化特征。通常，非物质文化遗产都是在一定的地域产生的，与该环境息息相关，该地域独特的自然生态环境、文化传统、信仰、生产、生活水平以及日常生活习惯、习俗都从各个方面决定了其特点和传承。既典型地代表了该地域的特色，是该地域的产物，又与该地域息息相关；离开了该地域，便失去了其赖以存在的土壤和条件，也就谈不上保护和传承。地域性既体现又进一步强化了非物质文化遗产的民族性。

第四节 非物质文化遗产的传承

一、传承主体

非物质文化遗产的传承主体，是指某一项非物质文化遗产的优秀传承人或传承群体，即代表某项遗产深厚的民族民间文化传统，掌握着某项非物质文化遗产的知识、技艺、技术，并且具有最高水准，具有公认的代表性、权威性与影响力的个人或群体。

二、传承人

非物质文化遗产传承人是非物质文化遗产项目代表性传承人，指经国务院文化行政部门认定的，承担国家级非物质文化遗产名录项目传承保护责任，具有公认的代表性、权威性与影响力的传承人，涉及民间文学、民间美术、传统手工技艺、传统医药等5大类134个项目。传承人主要现身于口头文学、表演艺术、手工技艺、民间知识等领域，对杰出传承人的调查和认定、传承人的权益和管理是需要重点解决的问题。

三、传承人选聘条件

传承人是非物质文化遗产的守护者，杰出的传承人应是在继承传统中有能力做出文化选择和文化创新的人物，在非物质文化遗产的传承、保护、延续、发展中起着重要作用。

选定非物质文化遗产代表性项目的代表性传承人，应当参照执行《中华人民共和国非物质文化遗产法》有关非物质文化遗产代表性项目评审的规定，应当符合下列条件：熟练掌握其传承的非物质文化遗产；在特定领域内具有代表性，并在一定区域内具有较大影响；积极开展传承活动。

各级文化主管部门应根据需要，采取下列措施，支持非物质文化遗产代表性项目的代表性传承人开展传承、传播活动：提供必要的传承场所；提供必要的经费资助其开展授徒、传艺、交流等活动；支持其参与社会公益性活动；支持其开展传承、传播活动的其他措施。

四、传承人义务

非物质文化遗产代表性项目的代表性传承人应当履行下列义务：开展传承活动，培养后继人才；妥善保存相关的实物、资料；配合文化主管部门和其他有关部门进行非物质文化遗产调查；参与非物质文化遗产公益性宣传。若无正当理由不履行规定义务的，文化主管部门可以取消其代表性传承人资格，重新认定该项目的代表性传承人；丧失传承能力的，文化主管部门可以重新认定该项目的代表性传承人。

五、对传承主体的保护

为了有效地传承和保护国家级非物质文化遗产项目，鼓励和支持代表性传承人开展传习活动，进而建立起一套科学有效的传承机制，根据《国家级非物质文化遗产项目代表性传承人认定与管理暂行办法》(以下简称《办法》),文化部 2007～2012 年相继评定并公布了四批共 1986 名国家级非物质文化遗产项目代表性传承人。为进一步完善传承机制,促使继承人保护制度化、规范化,文化部对国家级名录项目的代表性传承人的认定标准、权利、义务和资助等作出了规定。此《办法》的施行有力促进了对代表性传承人的科学保护。

政府层面。各级政府对非物质文化遗产传承主体的抢救、保护与传承起主导作用并负有主要责任。我国政府参照联合国教科文组织相关文件的精神,针对我国国情,制定出一套符合我国实际的非物质文化遗产传承主体的评估认定体系,提出实施抢救与保护工作的指导性意见。例如,建章立制,保护和管理好代表性传承人。在这方面已出现了一些值得借鉴的做法,如浙江省文化厅建立了代表性传承人访问和报告制度。又如,加强扶持和资助的力度,通过多种渠道筹措资金,建立起传承人保护基金会。

领导干部层面。国家政府的文化政策和工作规则是需要各级领导干部贯彻执行的,领导干部应当清楚弘扬民族传统文化,守护民族精神家园的重要性。要通过加强理论学习,正确掌握党的各项文化方针政策等。此处所说的领导干部,是指在各地区担负着该地区经济、政治、社会、文化发展决策及实施决策部署的人。他们的思想觉悟、政策水平、工作实绩、直接关系所管辖的地区经济、政治、社会、文化能否协调发展,非物质文化遗产能否顺利延续。

传承主体层面。传承主体对非物质文化遗产的传承,需要有国家的政策和法规做保障。为此,国家政策已出台了相关的政策和法规,各级政府也已拟定或正在拟定与之相应的各种保护条例或意见。

(1) 传承主体要积极开展传承活动,培养后继人才。如青海省黄南藏族自治州热贡画院院长积极开展传承活动,培养后继人才。目前,民间口传心授的传承方式正在不断地革新和发展,在原先的家族亲缘传承关系基础上,涌现出了一些新的传承和保护方式,如家庭艺术馆。在各级政府相关部门的大力扶持下,代表性传承人在履行传承人义务时,不断拓宽传承渠道,形成了多种有效的传承方式。例如徽州文化生态保护试验区。

（2）传承主体应履行妥善保存相关的实物、资料的义务。非物质文化遗产虽然是活态文化，传承和保护的重点是其蕴含着的精湛的技艺、独特的思维方式、丰富的文化内涵等无形的精神因子。

（3）传承主体要配合文化主管部门和其他有关部门进行非物质文化遗产调查。

（4）传承主体要积极参与非物质文化遗产公益性宣传，如中国非物质文化遗产保护成果展、中国非物质文化遗产专题展等。

第五节　非物质文化遗产的可持续性发展

《保护非物质文化遗产公约》承认非物质文化遗产的重要性，"它是文化多样性的熔炉，又是可持续发展的保证"。如何才能更好地理解非物质文化遗产在可持续发展中的地位，从而承认并充分实现其贡献？可持续发展的经济、社会和环境维度，连同和平与安全一道构成的行动领域，并非彼此分离的，而是高度相互依存的。

一、包容性社会发展

人类社会一直不断发展和调整其非物质文化遗产，既包括有关自然界的知识与实践，也包括社会实践，以解决跨越时空的基本需求和社会问题。如可持续的粮食安全、优质的医疗保障、安全的用水和公共卫生、全民优质教育、包容的社会保障体系和性别平等，这些目标必须以包容性治理和民众自主选择其价值体系为基础。

非物质文化遗产对实现粮食安全至关重要。传统的饮食方式与当地的耕种、放牧、捕鱼、狩猎、食物采集和食物保存系统可以极大地促进粮食和营养安全。各社区在对其特定的农村生活和环境采取综合方法的基础上积累了相当可观的传统知识。

非物质文化遗产提供了有关教育内容和教育方法。各社区不断地设法将其知识、生活技能和能力系统化，并传授给后代，特别是在有关自然环境和社会环境方面。即使是在正规教育体系已经到位的地方，大部分这样的知识与众多的传统传承方式，今天仍得以积极使用，并且跨越了许多学科和领域。社会实践、仪式和节庆活动构成了社区和群体的生活，并以包容的方式在加强其社会结构方面发挥关键作用。

二、环境可持续性

环境可持续性是非物质文化遗产的一部分。世代积累和更新的传统知识、价值观和实践，千百年来一直指导着人类社会与周围自然环境的互动。今天，非物质文化遗产对环境可持续性的贡献在生物多样性保护、自然资源可持续管理和自然灾害防备与应对等诸多领域都得到了承认。

作为一种活态遗产，非物质文化遗产中与环境有关的知识、价值观和实践能够不断演进，并在必要时进行调整以适应更加可持续地利用自然资源，从而使社区更好地面对自然灾害和气候变化的挑战。

非物质文化遗产有助于保护生物多样性，有助于促进环境可持续性，在全球范围内，虽然人类活动正以越来越快且不可持续的速度消耗着自然资源，但许多地方社区已经形成了与自然紧密相连并尊重环境的生活方式和非物质文化遗产实践，有关自然界的地方知识与实践有助于环境可持续性的研究。地方社区和研究者之间的国际合作以及优秀实践的分享，可在森林保存、农业生物多样性保护和自然资源管理等各个领域极大地促进环境可持续性的实现。知识和应对策略通常为社区抵御自然灾害和气候变化的复原力提供了重要基础。生活在脆弱和恶劣环境中的地方社区，往往首当其冲地遭受气候变化和自然灾害的影响。他们关于自然界和气候的知识与实践——包括他们的生态理解、环境与生物多样性保护技能和规则、自然资源管理系统、自然灾害和天气预报系统——构成了一座应对自然环境危害的策略库，且内涵丰富。这些知识和实践经过不断完善并适应不断变化的环境，成为经过时间考验的工具，可以有效地帮助地方社区减少自然灾害带来的风险，在必要时进行重构并适应气候变化。

三、包容性经济发展

可持续发展有赖于以可持续的生产和消费模式为基础的稳定、公平和包容性的经济增长。包容性经济发展不仅聚焦那些贫穷的人，而且也关注生计岌岌可危的弱势群体和被排除在充分参与经济活动之外的其他人群。这就需要生产性就业和体面工作、减少贫困和不公平、低碳和资源节约型的经济增长以及福利保障。非物质文化遗产是这一转型性变革的重要资产，它是构成经济发展的一个驱动力，包括各种各样的生产活动，既有货币价值，也有非货币价值，尤其有助于加强地方经济。作为一种活态遗产，非物质文化遗产还可以成为应对变革的重要创新源泉，并有助于在地方层面和国际层面实现包容性经济发展。

非物质文化遗产往往对维持群体和社区的生计至关重要，经过世世代代的保持和弘扬，地方知识、技能和实践为许多人提供了生计来源。如家庭农场主顺应自然和本地传统来饲养绵羊和加工羊毛，这种生活方式为他们提供了生计和身份认同的来源。他们纺纱，制作毛毡制品，用羊脂制作蜡烛和肥皂。这种自给自足的实践对社区福祉至关重要，也是地方层面消除贫困的一种重要手段。在其他地方，诸如本地的农业实践和自然资源管理系统等许多其他实践也是如此。非物质文化遗产可以为广大民众和个人创造收入和体面工作，包括贫困和弱势群体。如传统手工艺往往是群体、社区和个人的现金交易或易货贸易收入的主要来源，否则这些群体、社区和个人就会处于经济体系的边缘。传统手工艺不仅为手工艺者及其家庭创收，也为那些从事运输和销售手工艺产品、收集或生产原材料的人带来收入。这些活动创造了工作机会，因其往往在家庭和社区的框架内进行，提供了工作场所的安全感和归属感，这些活动与社区的认同密切相关。表演艺术、节庆活动和其他非物质文化遗产的表现形式也使社区成员，包括妇女和青年，广泛地参与经济发展。非物质文化遗产作为一种活态遗产，可以成为创新发展的主要来源。它是一种战略性资源，有助于在地方和全球层面实现变革性发展。如当某些原材料稀缺或无法获得时，新的材料可以适应旧的需求，而旧的技能也可以为新的挑战提供答案，尤其是经过时间考验的文化传承系统适应信息和传播技术时。

　　社区也可以从与非物质文化遗产相关的旅游活动中受益。发现各种传统、节庆活动、表演艺术、与传统手工艺有关的技能以及非物质文化遗产其他领域的多样性，是在国家、区域和国际层面吸引游客的有力杠杆。这些旅游活动可以创造收入，创造就业机会，培养社区的自豪感，但这些活动须以尊重相关活态文化遗产和民众的伦理和责任原则为前提。旅游业如果不尊重遗产，就会将这种遗产置于风险之中，因此，与旅游业相关的活动，无论其开展方是国家还是公共或私营机构，充分尊重对非物质文化遗产的保护以及相关民众的权利、愿望和意愿是至关重要的。民众必须始终是与文化遗产相关的任何旅游活动的主要受益方，并在其文化遗产管理中发挥主导作用。对伦理和非物质文化遗产敏感的旅游业，应通过指导包括游客本身在内的旅游活动参与者的行为，避免造成任何潜在的负面影响。

四、和平与安全

　　和平与安全是可持续发展的先决条件，包括免于冲突、歧视和一切形式的暴力。要满足这些必要条件，须尊重人权，具备有效的司法制度、包容性的政治进程和适当的预防和解决冲突制度。和平与安全还有赖于地方民众公平地获得和控制自然资源，确保土地使用权。

　　非物质文化遗产的各种实践、观念表述和表现形式都以缔造和平与建设和平为核心，并促进对话与相互理解。保护非物质文化遗产是实现持久和平与安全的一种方式。与非物质文化遗产相关的保护活动如果具有包容性，则是凝聚社区、群体和个人，包括移民、残疾人和边缘化群体成员的有力杠杆。非物质遗产保护活动有助于和平与安全因素的出现，分享和传承深深植根的共同价值观，增强集体认同感和自尊感，以及为创造性经济发展带来新的机遇。冲突后局势下的保护活动还能将各方通过重建项目团结在一起，分享共同的记忆；通过文化间对话和尊重活态遗产实践的文化多样性而促进和解，从而构成恢复社会和平与安全的有效的且可持续的途径。

五、传承与创新

非物质文化遗产与文物不同，它是"活态文化"，是直接依靠人、作用于人的活态传承文化。在互联网时代，让非物质文化遗产实现其战略使命，必须从实际出发。传承与创新是推进非物质文化遗产可持续发展的根本。"可持续"发展对于推动非物质文化遗产高质量传承与发展具有重要意义，实现非物质文化遗产的可持续发展，关键是"活"。非物质文化遗产是以人为核心、以生活为载体的活态传承实践，更好地实现非物质文化遗产的可持续性发展，要创新人才培养方式，衍生新生力量。开发非物质文化遗产文化体验活动是"活化传承"的重要模式，要推动非物质文化遗产与旅游融合，创造性打造非物质文化遗产场景生活区域，创新非物质文化遗产作品转化方式。在传承中创新，在创新中传承，要处理好传承与创新的关系。要注意培养非物质文化遗产人接受科技力量的本领。提升传承的有效性，以科技的理论改变当前多数传承人主要依靠人与人之间的口传心授、言传身教的方式，培养一批既懂市场又懂营销热爱非物质文化遗产的专门的非物质文化遗产职业中介人。坚持创新性传承不应建立在"纯创新"层面、不应建立在破坏保护对象真实性、完整性基础的原则，在鼓励传统优秀文化产品的现代适应性的同时，要坚守创新的本源性。传播与秩序是构建非物质文化遗产保护新格局的关键。"保护"是非物质文化遗产传承的第一方针。互联网、数字化等科技通过录入、扫描、摄影、转录等方式，突破了传统展示的单向性，利用线上线下各类媒介扩大传播面，是对文化遗产有效保护的重要路径。但长期以来，非物质文化遗产保护中的产权意识不够，放大传播影响力，关键是尊重知识产权，构建"秩序"基础上的非物质文化遗产传播新格局。

六、建设与利用

深化非物质文化遗产资源高质量共享的前提。建立在共享基础上的数字化平台建设，给非物质文化遗产资源高质量保护、传承、传播提供了空间。数字化技术平台建设，关键目的在于利用，形成"信息与资源汇聚、管理与服务融合、在场与在线联动、线上与线下互通"的非物质文化遗产保护与传承新模式。非物质文化遗产数字化的优点在于共享，但目前的非物质文化遗产数据库平台建设存在"重硬件建设，轻网络使用""重资料记录，轻文化传播"的现象。处理好非物质文化遗产平台建设与利用的关系，一是进行信息构建，根据不同人群的需求画像，及时更新和完善相关内容，有效进行知识传递。二是发挥非物质文化遗产数据库展示风格多样、交互性强的特征，充分利用数字媒体艺术塑造非物质文化遗产人物、场景，以群众喜闻乐见的形式展现非物质文化遗产的技术与艺术。三是多元化开发非物质文化遗产共享路径，利用互联网技术实现非物质文化遗产的网上展陈、网上演出，开设网上非物质文化遗产课堂等，实现非物质文化遗产的资源共享价值最大化。

激发公共场馆非物质文化遗产传递精神价值的内核。公共文化机构在非物质文化遗产保护与传承中发挥了巨大的作用，体现了文化担当。展示与文创产品的研发，是当前公共文化机构在"活态传承"非物质文化遗产中的"两翼"，缺一不可。但不同公共文化机构在非物质文化遗产展示、文创产品研发、人群的关注度上存在较大差距。处理好展示与研发的关系，激发公共场馆非物质文化遗产传递精神价值的内核，要发挥非物质文化遗产在构成地方性知识以及塑造地方公共精神上所发挥的重要作用和意义，让公共文化服务建设真正落到实处，而非悬浮于民间的文化政绩或文化行政。同时建立非物质文化遗产素材库，构建以非物质文化遗产为核心的非物质文化遗产标识系统，为非物质文化遗产文创产品的研发提供资源，培养、引进非物质文化遗产文创人才，打造区域非物质文化遗产文创品牌，扩大非物质文化遗产影响力。

第六节　非物质文化遗产保护面临的挑战

从 21 世纪之初《联合国教科文组织文化多样性宣言》发布，到《保护非物质文化遗产公约》（以下简称《公约》）正式生效，我们的非物质文化遗产保护工作一直在极度艰难的情势下进行。《公约》指出："承认全球化和社会转型进程在为各群体之间开展新的对话创造条件的同时，也与不容忍现象一样，使非物质文化遗产面临损坏、消失和破坏的严重威胁，在缺乏保护资源的情况下，这种威胁尤为严重。"这个判断警告人们，不要把全球化和社会转型看成是百分之百的"现代文明"，应当看清楚在现代化文明的进程中，同时还伴随着"现代野蛮"的严重破坏与威胁。

一、全球化对传统文化造成冲击

世界性的国际准则应该激励各民族、各国的各种文化之间进行广泛的交流和对话，而不应该以任何形式或手段助长某一种文化支配其他文化。任何企图把经济全球化直接导入文化"一体化"的想法和做法，都是对文化多样性的严重破坏。然而，形势不容乐观，正如《宣言》特别指出的："目前世界上文化物品的流通和交换所存在的失衡现象是对文化多样性的一种威胁。"这种现实不仅依然存在，而且更加严重。随着经济全球化的纵深发展，文化的趋同现象越来越成为突出的问题。文化自由化泛滥的恶果已经在许多国家和地区显示出来，大国文化正在主宰这个本来就是文化多样性的世界，穷国弱国或不发达地区的文化面临着迅速消失的可怕灾难。强大的文化产品自由化贸易的泛滥，对于经济不发达的国家，使得保护民族文化的特殊性变得更加困难；与此同时，民族文化传人群体的艺术传承活动，也正受到全球化市场规则的威胁。

怎样保护并发展本民族文化，对于不得不接受全球化的许多国家来说，已经是一个两难的尖锐问题。在全球化的大潮中，反传统文化的所谓"全球文化一体化"取向十分流行。目前，维护文化多样性的有识之士和有代表性的学者，因为担心发生全球性的"文化危机"，纷纷表示强烈反对文化领域的全球一体化。强烈呼吁文化多样性需要各民族全力维护，但是，如何保护文化的多样性，如何保护一部分日益"边缘化"的民族语言、文化和艺术，目前还没有切实可行的方案。

二、文化多样性面临危机

一段时间以来，各国媒体对生物多样性危机大加报道，并强烈呼吁人们起来保护环境，保护生物多样性。但是，世界文化多样性同样面临危机，而这种危机远没有生物多样性危机那样引起人们的广泛注意。

其实，文化多样性的重要程度丝毫不亚于生物多样性。如果文化的多样性受损，积累了数万年的人类文化和精神世界就将受到威胁。20世纪70年代全世界使用着8000种语言，可是仅仅过了20多年就减少了2000多种。现存的语言中，处于弱势的少数语言还在迅速灭绝。由于全球网络通用语言的普及，口头语言灭亡的速度还在加快。众所周知，口头语言的灭亡意味着世界文化多样性的减少，在语言丢失的同时，原以这种语言为载体的文化也必然随之丧失。令人遗憾的是，许多民族在"现代野蛮"的摧残下，为了生存不得不放弃与生俱来的母语和本土文化，被迫卷入到可怕的全球化的汹涌潮流中。

文化是人类的第一财富，各民族多样的文化都具有同样的价值。在当今世界政治经济背景下，文化分为强势和弱势，在强势文化发展的同时必须关注弱势文化的发展。

三、我国文化遗产保护面临挑战

近些年来，一些地区在城市改造、房地产开发、日常生活的时尚追求等方面尤其崇洋媚外，摒弃传统。例如，在一些地区出现了传统农耕古村落的大拆大毁全面改造的农村"城市化"运动、"拆土楼、改洋楼、建超市"等系列改造和开发活动。

"现代野蛮"在当今的全球化进程中，一直是以"现代文明"的诱人面孔展现在我国人民生活的所有角落中，破坏着我们的物质家园和精神家园。对此，我们必须高度警觉，要把全面维护我国的文化安全的问题，提高到相关部门议事日程上来，尽快拿出对策，加以解决。

第二章　非物质文化遗产的对外传播

第一节　非物质文化遗产传播现状

传播学认为，人类一切传播行为和传播过程发生、发展的规律，以及传播与人和社会的关系等都属于传播学研究的范围。非物质文化遗产传播作为一种信息传播现象，本质上属于大众传播的范畴。

一、传播主体分散

传播主体是信息传播行为的引发者，可以是个人、群体或组织机构。按照《中华人民共和国非物质文化遗产法》以及相关政策的规定，政府文化主管部门是我国非物质文化遗产传播的主导机构，非物质文化遗产传承人、公共文化机构、学术研究机构、非物质文化遗产保护机构以及利用财政性资金举办的文艺表演团体、演出场所经营单位等也是非物质文化遗产信息传播的参与主体。表面上看，我国非物质文化遗产信息传播呈现政府、社会全员参与的状况，不仅政府非物质文化遗产保护机构在开展传播工作，而且图书馆、博物馆、文化馆等公共文化机构以及非物质文化遗产学术研究机构等都在开展非物质文化遗产信息传播活动，参与主体众多，但实际上，截至2017年年底，全国共有非物质文化遗产保机构 2446 个。[①] 传播主体除国家—省—市—县四级非物质文化遗产保护机构体系中设立的非物质文化遗产保护专业机构外，其他非物质文化遗产传承人、学术研究机构等各自为政，力量分散，并未形成合力。

二、内容形式单一

目前，非物质文化遗产信息主要以网站、数据库的形式展现内容。尽管在中国非物质文化遗产网站上可以查阅非物质文化遗产政策、工作动态、学术动态、国家级非物质文化遗产项目、非物质文化遗产项目代表传承人等信息，但很多省份并未建立专门网站。在数据库建设方面，只有部分省市构建了非物质文化遗产数据库系统、数字化管理平台、空间信息管理平台和数字博物馆。在信息资源的呈现形式方面，中国非物质文化遗产网站主要以图片和文字形式展现国家级非物质文化遗产内容，仅有少部分内容展示了视频。其他各级地方网站基本上也是以图文结合的方式传递非物质文化遗产信息，少有视频呈现，更难觅多媒体融合模式。总体来说，我国非物质文化遗产信息传递过程的呈现方式较为单一，平面化、扁平化，不够活泼，吸引度不高；内容也比较浅显、单调，缺乏深度、针对性不强。

三、媒介急需整合

通常被大众称为传播媒介的是信息传播内容的载体，如报纸、期刊、广播、网络等。在非物质文化遗产信息口耳相传的语境下，传播主体自身也是传播媒介，甚至是主要的传播媒介。《中华人民共和国文化和旅游部2017年文化发展统计公报》显示，2017年我国各类非物质文化遗产保护机构举办演出 50178 场，举办民俗活动 15133 次，举办大中型宣传展示活动 2000 多项。从表面看，我国非物质文化遗产信息传播渠道有传统媒体、

---

① 资料来源：中华人民共和国文化和旅游部：《中华人民共和国文化和旅游部2017年文化发展统计公报》，http：//zwgk.mct.gov.cn/auto255/201805/t20080531_833078.html，2019年2月26日。

新兴媒体,还有这些演出活动、展览等,媒介种类多种多样,但现实中传统媒体、新兴媒体和这些演出活动基本上互不干涉。将这些传统媒体与互联网、手机智能终端等新兴媒体有机结合起来,将各类线下的演出、展览等活动发展为线上线下一体的全民参与形式,将更好地促进当前非物质文化遗产信息传播。

四、传播受众受限

受众的参与程度是影响非物质文化遗产信息传播效果的重要因素。具备较高参与度的信息传播活动能够增强公众的归属感和获得感,从而产生良好的信息传播效果,而参与度较低的信息传播活动则难以达到预期目标。截至目前,我国各非物质文化遗产信息传播平台的参与性均不高。就政府网站来说,仅天津、河北、浙江等部分省份网站设有互动交流板块,可供公众参与,而其他地市网站未设置相关功能板块;有的地方即使设置了可及时互动参与的微信、微博平台,但由于用户关注量较小,各平台推文、推博的用户转发、评论少,且其回应也较为迟钝,少有及时的互动交流。

第二节 非物质文化遗产的传播策略

一、促进信源合作

第一,增强参与意识,构建管控体系。非物质文化遗产信息源呈现出明显的多主体趋势,非物质文化遗产保护中心、博物馆、图书馆、档案馆、民间机构和传承人都是非物质文化遗产信息传播的主体,且各主体分工不同。传播主体的分工要以文化主管机关为主导,发挥其统筹规划、协调领导的作用,平衡各传播主体间的权责分配,引导和协调其他信息源发布者积极参与非物质文化遗产信息传播;档案机构要主动提供原始非物质文化遗产信息;博物馆、传承人要对相关信息进行深入解读,使信息形式更丰富、内容更深刻、影响更深远。这样的分工布局，目的是打造一主多元的管控体系。

第二，改变传播理念，顺应时代潮流。在传统的传播过程中，信源通常具有更大的权力、威望和专门知识。新媒体传播技术的发展，使得信息传播的便利性和交互性得以增强，双方身份可以互换，"传者—受者"慢慢变成了"对话者"。因此，各信息源主体要顺应时代潮流，由"以我为主"变为"服务为先"，变单方面向公众输出信息为积极主动提供信息，从"杂乱性"传播转变为"有序性"传播，以确保规划科学合理、传播层次分明，从整体上提升非物质文化遗产信息传播效果。

第三，优化人才队伍，提升专业技能。各信息源主体不仅要具备基本的业务技能，而且还要打造一批具有复合知识结构的专门人才。一方面，可以引进一批具有新闻传播专业背景、计算机专业背景、图书情报专业背景的人才，或者吸引一批成熟的媒体运营者加入非物质文化遗产传播人才队伍；另一方面，要加强对已有人才队伍的培训，培养具有现代化信息传播能力的非物质文化遗产传播人、传承人。此外，要加强非物质文化遗产的国际传播，必须要建立适合新时代国际传播需要的专门人才队伍，组建非物质文化遗产国际传播的智库。国际传播人才培养已成为国际传播能力建设中的核心问题，而国际传播人才跨文化传播能力的培养是提升国际传播效能的关键所在。要提传播者对非物质文化遗产跨文化传播的能力，首先要提高传播者对非物质文化遗产的感情，使其充分认识将要传播的文化遗产形式。河南省桐柏县开办了国家级非物质文化遗产项目皮影戏讲习班，由传承人进行授课，通过培训交流，传播皮影戏文化，挖掘和培养民间传承人。这不失为一种好办法。

二、整合信息资源

第一，丰富信息内容，更新把关机制。传播学认为，大众传播的一切信息，都要经过把关人的过滤或筛选，才能同公众见面。在传统的把关机制中，媒介组织承担把关责任，信息把关相对专一、容易。但现在广大用户实现了从旁观者到当事人的角色转变，用户能在各种网络平台上表达观点和传播信息，而信息内容泥沙俱下，把关显得愈加重要愈加困难。鉴于此，文化主管部门及相关单位应加强监管制度，建立良性的信息把关筛选机制，切断有害信息的传播源头，减少信息浪潮带来的信息污染。非物质文化遗产官方网站要注重信息质量，保障信息的真实、准确，媒体运营商要辅助信息源做好信息的把关筛选，微信、微博等平台要利用检索、匹配技术对信息内容的真实性进行审核，对那些与社会主流价值观不符的信息及时管控；用户也要积极举报监督不良信息，提高自身的信息辨别能力和媒介素养水平。

第二，挖掘信息内涵，引发情感共鸣。不能激发受众认知上、情感上或行为上反应的传播行为都是失败的行为。非物质文化遗产信息具有丰富的文化内涵，挖掘并把握非物质文化遗产信息中的优秀文化因子，如修身治国、人文情怀、孝亲伦理等，能促进大众的文化认同，勾连大众的家国情怀，打动和吸引受众，引发情感共鸣。以情感共鸣为基础，通过创作文化创意产品，实现对非物质文化遗产文化因子的再挖掘，通过再挖掘、再设计、再包装，打造既有文化内涵又有时代特点的优秀文化创意产品。非常成功的故宫文创就是示例。

第三，制定信息标准，实现数据互联。现有的非物质文化遗产信息由各信息源独自发布在自己的平台上，缺乏统一的规划领导，也无法实现信息共享。面对这种多源异构的非物质文化遗产信息，首先，要建立分类体系和采集技术标准。其次，可以利用社会化标注使用户直接参与到非物质文化遗产信息标注中，构建非物质文化遗产信息关联标签网络和导航系统，便利非物质文化遗产信息发布者和接受者之间的交流，促进资源共享。最后，还要建立联网数据库，便于资源共享、利益共享。

第四，深化信息加工，便于信息获取。立足于当今信息需求的特点，既要注重非物质文化遗产信息的整体开发，也要关注碎片化传播趋势。在"人人皆是麦克风、摄像机"的时代，要利用各种数字技术和软硬件载体，将图像、文字、影像、语音等内容进行整合，通过数字化创作、编辑、生产制作及传播，向消费者提供多层次、多类型的非物质文化遗产信息。近年来，以抖音为代表的短视频软件获得了大众的青睐，在这种碎片化的媒体环境下，非物质文化遗产信息传播需要更符合受众喜好和需求新形式，以达到内容性与趣味性相结合，有内涵还要"吸睛"。

三、建设立体传播渠道

第一，线上、线下相结合，打造体验式传播。非物质文化遗产信息包括线下和线上两种渠道，线下传播通过举办庆典、展览，打造文化品牌等措施，通过受众"在场"，从视觉、触觉、听觉、味觉、嗅觉等多个方面给人以直观的文化体验与感受；线上传播不受时间和空间的限制，利用互联网、新媒体等多种形式，具有及时性、间接性、匿名性、互动性等特点。在数字化时代，要充分利用线上线下两种渠道，使受众更全面、充分地接受非物质文化遗产信息。比较成功的案例如苏州评弹的传播，线下的茶馆、戏院可让观众在场直接感受苏州评弹的魅力，通过线上平台比如喜马拉雅 FM 也可随时收听苏州评弹。另外，在影视剧中加入评弹经典曲目作为背景音乐，也极大地促进了苏州评弹的传播。

第二，传统媒介与新媒介相融合，发挥各自优势。在媒介系统中，存在着不同形式的媒介，如报纸、期刊、广播、电视等传统媒介，微信、微博等新媒介。在"全媒体"时代的今天，既要发挥传统媒介信息权威、受众广泛的优势，也要利用新媒体信息更新及时、互动性强的特点，全渠道传播非物质文化遗产信息。例如，深耕河南本地非物质文化遗产文化的"倪宝诚民间艺术"团队，自 2017 年创办微信公众号后，累计更新近 500 篇原创文章、100 多个视频、3 万余张照片，上传 2TB 各类资料。该公众号以微信为主体，联动微博、头条、抖音等线上平台，依托传统媒体，报道民间非物质文化遗产项目和艺术交流活动，传播效果非常好。[①]

第三，积极探索新技术，拓宽传播渠道。现代数字技术的发展使得非物质文化遗产信息的传播拥有了更先进的手段与方法——3D 动画技术、动作绑定、地理信息系统定位、人机交互、知识建模等，可立体再现非物质文化遗产场景，提升传播效果。例如，珠海非物质文化遗产数据库网站构建了当地非物质文化遗产项目的地理分布图，用户可以直观地浏览辖区

[①] 资料来源：微信公众号："倪宝诚民间艺术"。

内非物质文化遗产项目及传承人的相关信息，有效提升了用户的访问质量和体验效果。2017年10月，河南洛阳龙门石窟研究院利用虚拟现实技术将万佛洞内的文物"搬移"到虚拟空间，用户戴上特制眼镜之后便仿佛置身洞中。经典豫剧《朝阳沟》于2018年使用了虚拟现实技术进行了拍摄，将演出现场以720度的视角完整真实地呈现到观众面前，给用户打造出一个感官互动的沉浸式传播环境。①

四、实现有效传播

第一，关注受众差异性，进行精准传播。非物质文化遗产信息的关注度低、传播效果不好，往往是因为对受众群体了解不够。过去要将受众进行精确分类是困难的，现在可以利用大数据，获取受众的职业类型、收入状况、年龄结构、教育背景，分析其阅读习惯、个人喜好，根据相关信息进行精准推送。

第二，注重群体心理效应，培养意见领袖。在新媒体时代，信息渠道经历从"去中心化"到"再中心化"，信息传播高度细分，意见领袖成为新的权威。例如，现代青年在涉足不熟悉的领域时，习惯于去阅读微博、知乎等平台上认证用户的高质量答案。文化主管部门、媒体可有意识地培养与招募有社会影响力的文体明星、学者、非物质文化遗产传承人代言、推广非物质文化遗产信息，利用偶像力量影响受众。

第三，通过宣传教育，促进受众文化认同。新兴大众传媒的普及，流行文化的泛滥，需要加强对社会公众的宣传教育，使公众能够辨别和抵御不良文化影响。具体来说，可以在中小学以及高校开设非物质文化遗产传播相关课程，逐步完善非物质文化遗产教育体系；积极推动非物质文化遗产文化进校园、进社区，在各大高等院校设立非物质文化遗产传承基地，编写非物质文化遗产文化教材、科普读物等，设立非物质文化遗产文化传承艺术班；利用各种在线教育平台，方便公众接受非物质文化遗产教育。

---

① 资料来源：《朝阳沟》创演60周年 VR全景来助阵 厉害了我的大豫剧，https://baijiahao.baidu.com/s?id=1596444593365231733&wfr=spider&for=pc，2018年3月31日。

第四,建立反馈机制,实现主体受众有效沟通。大众传播学认为,传播者与受众之间存在着传达与反馈的关系,反馈有助于检验和证实传播效果,并改进和优化下一步的传播内容、传播形式和传播行为。反馈机制的建立可以分为以下三个步骤:建立前置反馈机制,在传播前充分了解受众的状况与需求,采用合适的内容、手段进行有针对性的传播;建立中程反馈机制,强调受众在传播过程中及时反馈,以便做出调整;建立后继反馈机制,运用现代科技手段,将零散原始的反馈信息进行数据分析,为制订下一步传播计划提供支撑。

第三节 非物质文化遗产传播的影响因素

一、媒介技术的转型与非物质文化遗产的业态

媒介技术的迭代与文化的创新、表达从未完全割裂,媒介技术在更迭中构筑了新的媒介景观、社会景观和文化景观生态。这种景观的背后,是非物质文化遗产传承人、用户、市场、产业、传播机制及管理的转型。新冠疫情的出现,让人们的媒介惯习产生改变,动态多维、即时、虚拟互动的日常生活角度淡化了媒介的严肃感,非物质文化遗产的仪式感被消解为日常生活,成为一种不自知的仪式,如何使非物质文化遗产在网络空间中的传播效应产生裂变是核心问题之一。在文化走出去等相关政策驱动下,海外亮相的中国文化活动和文化产品并不少,但非物质文化遗产的对外传播表现出较强的随机性,缺乏系统、整体的品牌化传播策略,使文化传播效果大打折扣。尽管非物质文化遗产作品在对外传播中形成一定的"文化围观",但没有真正形成海外用户对非物质文化遗产产品的活性消费需求,惰性文化消费从根本上很难达到传播效果。非物质文化遗产的对外传播应从根本上做到需求驱动,即真正了解对方的文化需求,用创意链接文化含量和产业规模。在产业化与媒介技术中为非物质文化遗产找到创意的平衡点成为至关重要的问题。

二、非物质文化遗产中生活方式的传播难点

不同国家由于其所在国的地理区位、文化背景不同,对中国文化的认知也存在差异。在国际坐标下,中国非物质文化遗产呈现出独特的文化形式、文化内涵,但中国的非物质文化遗产在对外传播中未必受到国际社会广泛欢迎,挖掘非物质文化遗产在思想领域、艺术领域、生活领域中的人类共同文化价值是需要思考的问题。非物质文化遗产以民族性、仪式感及描述性内容为主导等特性使其在意境呈现上具有较大文化差异,要让国际民众理解其文化内涵更是困难重重。提高非物质文化遗产的对外传播力,内容传播是第一要义,而非物质文化遗产内容的根源是生活本身。对于物质文化遗产,可以从世界文明视角策划展览活动,使文物等与普通大众的日常生活对接,实现展览功能在大众传播中文化功能的多样化转化。然而,非物质文化遗产中的文化内涵、文化符号要得到更好的传播并达成共识、实现共鸣却有一定难度。

三、非物质文化遗产中生活方式的传播差异

一方面,非物质文化遗产作为由不同民族生活方式、习俗、观念积累形成的约定俗成的文化,其独特性本身容易带来文化误解、文化折扣。另一方面,让一种文化理想精准落地到另一种文化土壤之中,很容易陷入文化的自言自语、孤芳自赏。以开放的心态深入了解不同文化之间的异同,承认不同文化在生成过程中存在巨大差异,在差异之中建立文化传播的信任和理解,完成积极有效、有诚意的文化沟通,让不同文明之间实现交融和对话,这在中外文化交流中是极其困难的。提升中国文化的软实力,推动非物质文化遗产走出去,需要激活非物质文化遗产的传统特质中充满活力的当代性价值,以实现更有效的传播与交流。

第四节　非物质文化遗产传播的方式

一、以媒介技术转化的保育方式

麦克卢汉说:"一切技术都是媒介,一切媒介都是我们自己的外化和延伸。""每一种技术都创造一种环境。"在移动互联网时代,当传统触碰现代,非物质文化遗产对外传播方式和路径创新的前提是实现自身的保育。我们在通过传统的传承方式使非物质文化遗产获得生存和发展所必需的社会环境和物质条件的同时,也要在新媒介的使用者中培养并发展非物质文化遗产的创新能力。一方面,从中国非物质文化遗产的媒介推广渠道看,还与外国民众获取文化信息的习惯存在一定偏差,使用世界通用的互联网新媒体传播方式进行对外传播需要进一步做好整合。如 2020 年 6 月 13 日是我国"文化和自然遗产日",当日,央视新闻新媒体中心与文化和旅游部非物质文化遗产司共同推出"把非遗带回家"专场带货直播节目。[①] 随着国外受众通过短视频、直播等移动互联网形式获取与中国相关文化信息的比例逐渐提高,我们更需要通过更为大众化的世界性社交媒体进行平民式的对外传播。另一方面,社会形态在经历部落化—去部落化—重新部落化过程中,人类活动领域因为使用电子媒介而不断缩小,形成"地球村",其中的文化差异、文化多样性更加彰显。媒介技术赋予非物质文化遗产在传统载体和基本的文化符号之外更为温和的传播方式,这也要求非物质文化遗产的传播更加注重沟通与对话。此外,当前网络直播、短视频行业的内容与变现方式让媒介的经济属性、文化属性以更具普适性的"泛生活、泛娱乐"形式进一步得到延伸,非物质文化遗产中价值传统在媒介技术的赋能下以一种更温和、更隐晦、更婉转的方式贯穿于文化传播

[①] 资料来源:中华人民共和国文化和旅游部:非遗传承 健康生活 2020 年"文化和自然遗产日"非遗活动大幕拉开,https://www.mct.gov.cn/whzx/whyw/202006/t20200601_854008.htm,2020 年 6 月 1 日。

的全过程。因此,要提高中国非物质文化遗产的对外传播水平,需要在文化传播诉求和消费需求上以媒介技术、文化创意建立联系。

二、以生活方式涵育的美学价值

国之交在于民相亲,民相亲在于心相通。一方面,非物质文化遗产对外传播应建立在民心相通的基础上,而寻找生活方式中的共通性是促使民心相通的重要突破点。每个国家都有自己的文化土壤和文化呈现方式,但人类在衣食住行等方面有很多共同的实践经验,非物质文化遗产中所赋予的仪式感大多源于日常之用。传播中国非物质文化遗产,不仅是传播典籍、博物馆和观念上的文化,更重要的是对生活方式的传递和涵育,"日用即道"的文化传播观念让非物质文化遗产不再是灌输或者教化,而是以具体的事例完成生活方式的涵育和沟通。比如针灸、中国书法等非物质文化遗产都是生活方式的一种尝试、探索和选择。在李子柒的短视频中,二十四节气作为非物质文化遗产已经超越了其原本的功用价值,而在具体生活中作为美学符号形成新的美学价值并达成美学共识。另一方面,文化的传播不是单向性宣传,而是建立在互相尊重、互相了解基础之上。"空间"与"在场"被媒介技术的场景互联重新定义后,人们获取知识所需跨越的时间和空间界限被缩短,非物质文化遗产与个体生活截面的跨度成为屏幕距离。新的社交媒体让屏幕超越橱窗展示功能,解构蒙太奇对影像的辩证与象征化处理,观者与屏幕内的非物质文化遗产展示者的符号互动毫无门槛,弹幕评论、实时连麦、在线较量等方式将剧场艺术的"第四堵墙"打破。媒介技术带来的生活方式转型让文化差异有了更深层面的共同要素和共通之处,让非物质文化遗产的对外传播有了更多的涵育方式。

三、以文化比较呈现的化育人心

楼宇烈先生曾指出,与西方文化相比,以人为本的人文精神是中国文化最根本的精神,也是一个最重要的特征。中国非物质文化遗产内在的根本精神决定了其真正的意义是文而化之。文化没有孰高孰低,但可以在比较坐标中展现非物质文化遗产文化的特质。

非物质文化遗产的对外传播,从器物、制度、思想认识、生活方式等层面都需要在比较和使用中融入价值参照的新理念。非物质文化遗产文化的对外传播要在比较中呈现差异,只有呈现差异,才能在比较中发现异质文明之间和而不同的文化共识,彰显不同文化独特的价值特质,实现顺畅的文化交流、文化传播。比如中国的二十四节气像是从土地里生长出来的,是向伦理的回归、向自然的致敬。而西方的圣诞节作为世界上最大的宗教性节日更像是从"天上"下来的,是人向神的致敬。节气、节日之间的比照性是我们"讲好中国故事,提高中国国际传播能力"的基础,是找到中国故事在西方真正的落点的前提。文明的对比不是目的,文明的融合、化育才是归宿。这需要我们在比较的坐标中呈现我们的文化,用西方文明所熟悉的形式来与非物质文化遗产文化形成细节的价值参照。

对于非物质文化遗产的发展要把握其在流变过程中的融合特质,非物质文化遗产并不以强烈冲突的方式把新的生活方式排斥出去,而是通过融合的方式去掉繁文缛节,形成新的特质,完成包容性的成长,通过培养年轻一代对非物质文化遗产的兴趣、需求,促进在生活方式的涵育中展现中华传统文化的人文精神并完成化育,这也是未来中国非物质文化遗产能走向世界的最有生命力的基点。李子柒的作品不是宏大叙事,其记录的是一个普通中国人的日常生活,这种人类普遍的田园情结,成为中国文化与世界文明对话的价值共识。而其中呈现的具有民族特质的非物质文化遗产文化所产生的陌生化效果,促进了与世界文化的沟通、交流,并形成了文化的共识。

第五节　非物质文化遗产的数字化传播

一、非物质文化遗产数字化传播概述

在现代文明的冲击下,非物质文化遗产的保护和传承问题已经引起广泛的关注。一方面,非物质文化遗产保护对保持和弘扬人类文明的多样性有重大意义；另一方面，在经济全球化的时代背景下，发展中国家面临着发达国家"强势文化"的入侵和冲击，民族民间传统文化受到严重威胁甚至面临着生存危机。此外，在同一个国家中，经济欠发达地区的民族传统文化，也在现代文明的冲击下面临着文化认同危机，因"后继无人"而濒临危境，逐渐消亡。当前，世界各国政府都在积极探索如何采用有效手段应对非物质文化遗产面临的困境，开辟非物质文化遗产在当代文明中的生存空间，从而增强其生命力、活力及可持续发展力。在此时代背景下，非物质文化遗产的数字化传播应运而生。

数字化传播是为适应现代社会发展的需求而出现的以电脑为主体、以多媒体为辅助手段的新型信息传播活动。数字化传播把各种数据和文字、图示、动画、音乐、语言、图像、电影和视频信息组合在电脑上，并以此为互动，是集合了语言、文字、声像等特点的新的传播途径，能提供多种网络传播方式来处理包括捕捉、操作、编辑、贮存、交换、放映、打印等多种功能。数字化存储和展示实现对传统非物质文化遗产内容的长久记录与保存的有效手段。如人工智能（AI）、三维动态（3D）、数字沙盘等技术实现非物质文化遗产内容的数字可视化以及情感可视化，提升非物质文化遗产的文化可读性与易读性，让静态信息更加具象、生动，满足各年龄层人群对非物质文化遗产的文化认知需求，帮助大众缩短阅读时间、增加阅读趣味性，刺激非物质文化遗产信息接收、加强非物质文化遗产视觉记忆。打造非物质文化遗产数字场景如增强现实（AR）、虚拟现实（VR）、混合现实（MR）、拓展现实（XR）、全息投影、仿真机械等技术，展现非物质文化遗产事项、传承历史、技艺工艺等内容，构建非物质文化遗产"文化+科技"的智慧体验场景，提升非物质文化遗产体验的趣味性与参与性，加强受众在视觉、听觉、嗅觉、触觉等多感官上的刺激，真正实现非物质文化遗产的深度沉浸式体验，建立公众对非物质文化遗产的深刻认知与理解。搭建非物质文化遗产网络和线上展示平台如开发APP、设计微信小程序、线上博物馆、3D云游体验、数字全景预览等，让受众足不出户就可观赏到非物质文化遗产成果，通过数字镜像模型体验非物质文化遗产技艺或参与非物质文化遗产衍生品的创新创意开发，真正实现"人人、时时、处处"的非物质文化遗产创意生产与传承。将数字化传播技术应用于非物质文化遗产的传承工作,以数字化手段和现代信息技术实现无形的非物质文化遗产的有形化和情境化,创新了非物质文化遗产的传统传播手段,不仅能使非物质文化遗产得到更好的保存和保护,更能够使非物质文化遗产在信息技术环境下得到更好的开发、传播和传承。

二、非物质文化遗产数字传播必要性

(一)应对文化入侵的需要

随着当代信息传播技术的发展,以及在经济全球化的影响下,文化全球化成为必然趋势。一方面,西方国家以向世界输出西方价值观为目的,通过大力开发自己的文化创意产业,向发展中国家倾销西方价值体系的文化产品;另一方面,西方国家凭借自身在资金、技术等方面的优势,不断掠夺发展中国家的文化资源,特别是散布在民间的非物质文化遗产。这使发展中国家面临严峻的文化安全问题,探索非物质文化遗产的保护途径迫在眉睫。从本质上来分析,西方发达国家强势文化在全球范围的蔓延和扩张,其背后隐藏的目的是在于通过自身文化产品的全球扩张,实现自身文化价值体系的全球化培育,从而实现其文化的全球化认同,进而达到其经济扩张、政治同化的隐形目的。而数字化传播为发展中国家提供了保护非物质文化遗产以及应对发达国家文化入侵的有效手段。

(二)有形传播的需要

2003年,联合国教科文组织公布的《保护非物质文化遗产公约》中对非物质文化遗产的"保护"进行了阐述,强调非物质文化遗产保护工作的核心是"诠释、展示、传播和传承"。对非物质文化遗产进行诠释、展示、传播与传承的基本方法主要包括传统的物理性方式和新兴的数字化方式。

传统的物理性方式主要以博物馆、非物质文化遗产景观、民族手工艺品等实物为传播载体。然而,在当前的社会现实中,传统物理方式的传承遭遇了不小的现实困境。譬如,传统的以博物馆为载体的展出方式已经不能满足人们对于传统文化深入研究和鉴赏的需要，大规模的文化遗产传统保护研究工作需要耗费巨大的人力、物力和财力等。随着当代信息技术的发展，数字技术凭借其在保存和传播方面的巨大优势，已经引起了广泛的关注。探索数字化时代非物质文化遗产保护和传播的新途径，成为各国政府、学界业界共同关注的焦点。

（三）可持续发展的需要

当前，我国非物质文化遗产的可持续发展面临着现实困境。其一，我国大部分非物质文化遗产分布在经济欠发达地区，这些地区由于经济落后，年轻人大量外出务工，较少人愿意从事这项传统的工作，现有的传承人大部分年事已高，后继乏人，不利于非物质文化遗产的可持续发展；其二，经济欠发达地区由于经济落后，非物质文化遗产的保护缺乏创新的手段，大部分重要的资料只能依托泛黄的纸质文本、图片等形式陈列在档案馆、博物馆中，这种方法对非物质遗产仅是一种基本的保存，并不能使非物质文化遗产得到有效的开发利用以及传播推广，更无法将非物质文化遗产巨大的文化、经济和社会价值真正体现出来；其三，当前我国非物质文化遗产的保护经费主要依赖中央和各级政府的财政支出，但我国的非物质文化遗产项目种类繁多，仅依靠政府的财政经费展开保护工作并非可持续发展之道。如何用创新激发非物质文化遗产的文化生命力，使其不失传统而又能实现创新性的可持续发展，是当务之急。

在现代高度发展的经济社会中，激发非物质文化遗产的生命力，应该把握住时代脉搏，充分利用好市场这个传播环境，用经济生命力激发文化生命力。非物质文化遗产具有巨大的文化和经济价值，通过合理和有效的开发利用，既能利用文化资源创造文化资本，又能利用文化资本增强传统文化的生命力。这种方式对于非物质文化遗产所在地，特别是经济欠发达非物质文化遗产所在地而言，是文化和经济协同创新、可持续发展的重要途径。我国拥有五千年的优秀历史文化传统，国人对传统文化有着解不开的情结，且随着我国经济实力的不断增强，人们对于物质生活提出了更高的要求。在这两者的作用力下，蕴含传统文化内涵、特色、精神的文化产品和文化服务，在市场上颇受人们的青睐。这为非物质文化遗产的当代发展带来了契机。

利用现代化信息技术，对非物质文化遗产进行合理、有效的开发利用，创新非物质文化遗产的发展模式，一方面能促进其在数字化时代的广泛传播，满足非物质文化遗产自身发展的需要；另一方面能促进遗产地文化和经济的协同发展，并通过促进遗产地的经济繁荣，留住人才参与非物质文化遗产传承，解决传承后继乏人的难题，形成文化和经济相互促进、协同创新、可持续发展的良性循环模式。

三、非物质文化遗产数字化传播手段

（一）数字出版传播形态的产生和发展

数字技术应用于出版业务中，对出版传播的发展而言，具有非常重要的价值。特别是数字化出版产品的出现，标志着真正意义上的数字出版形态的诞生。数字出版形态的发展与数字技术的发展同步，历经了电子出版、网络出版、手机出版等发展阶段。

电子出版（electronic publishing）是指以数字代码方式将图、文、声、像等信息编辑加工后存储在磁、光、电介质上，信息通过计算机或其他具有类似功能的设备读取使用的一种出版形式。电子出版是基于计算机排版系统的诞生及桌面出版技术的应用而出现的。与传统的纸质媒介出版物相比，电子出版物呈现出数字化、多媒体化、交互性、超文本化等特点。

网络出版（internet publishing），又称互联网出版，是指具有合法出版资格的出版机构，以互联网为载体和流通渠道，出版并销售数字出版物的行为。网络出版具有主体合法化、产品数字化、流通网络化、交易电子化等特点。

手机出版（mobile publishing）是指手机出版服务提供者使用文字、图片、音频、视频等表现形态，将自己创作或他人创作的作品经过选择和编辑加工制作成数字化出版物，通过无线网络、有线互联网络或内嵌在手机载体上，供用户利用手机或类似的移动终端阅读、使用或者下载的传播行为。手机出版具有便捷性、交互性、多媒体性、高容量、个性化和受众信息准确等特点。

（二）数字出版传播特征分析

在传统的出版传播模式中，作者、出版者、媒介商等个人或机构是传播的主体，对传播内容、传播媒介、传播效果等具有一定的掌控权。在数字化环境下，传播主体的组织结构正在发生革命性的变化，传统意义上的传播受众也拥有了话语权，迎来了自助出版时代。

与传统的报纸、广播、电视等传播媒介不同，网络与新媒体使数字出版的传播工具发生了巨大改变。以电子书为代表的电子阅读器、智能移动网络、智能手机的普及使得手持终端阅读、网络阅读和手机阅读成为三大新型阅读方式。电子阅读器、智能手机等数字阅读工具，以其便携式、实时化、大容量等优势成为数字化时代不可或缺的典型阅读工具。

数字化时代的数字出版传播内容呈现出多媒体性、精简化、碎片化等特征。一方面，传统的纸质出版物主要基于静态的文字和图片两大传播符号，而数字技术的发展使得数字时代的出版物在内容和思想的表现形式上有了巨大的突破。数字传播在原有静态的文字和图片传播形式的基础上，还有动态的音频、视频、动画等多媒体表现形式，更有阅览者实时参与交互等表现形式。另一方面，在现代"快节奏"的生活中，为了迎合人们零散化和碎片化的休闲时间，数字出版内容呈现出"快、新、浅"等特征。在"浅阅读"时代，为适应受众在零碎时间里的快速式、兴趣化阅读需求，数字出版传播内容呈现出精简化、碎片化的特点，以满足受众"大量信息简单摄入"的需要。与传统"精、专、深"的出版内容不同，数字出版内容"快、新、浅"的要求使得微小说、微电影、微动漫、手机报等出版形式备受青睐。

（三）非物质文化遗产数字出版传播模式

数字出版传承就是运用数字技术，全方位、真实地记录非物质文化遗产，进行多形式数字资源存储，实现数字化的传播。非物质文化遗产数字出版传承可以通过文化创意产业、学校非物质文化遗产教育、非物质文化遗产资源数据库等渠道进行传播，以达到非物质文化遗产开发、教育、宣

第二章 非物质文化遗产的对外传播

传及研究的目的。

第一，文化创意产业的传承。文化创意产业（cultural and creative industries）是一种在经济全球化背景下产生的以创造力为核心的新兴产业，强调一种主体文化或文化因素依靠个人（团队）通过技术、创意和产业化的方式开发、营销知识产权的行业。通过文化创意产业建立非物质文化遗产与企业、市场的纽带，能促进非物质文化遗产的价值开发，促进在保护非物质文化遗产前提下的经济行为，反哺非物质文化遗产的保护，形成良性循环。文化创意产业主要包括广播影视、动漫、音像、传媒、视觉艺术、表演艺术、工艺与设计、雕塑、环境艺术等方面的创意群体，将非物质文化遗产的元素与数字媒体技术有机结合，积极开发有浓郁文化特色的文化创意产业，是数字化时代推广非物质文化遗产的创造性途径之一。可以通过收集、整理非物质文化遗产资料，充分剖析、挖掘其中的时代价值，开发出富有中国特色、民族精神的数字文化产品，包括数字影视、数字动画、数字工艺、数字游戏等；并通过数字出版，利用移动阅读终端、计算机网络等播放平台，打造非物质文化遗产的数字化传承发展产业。

第二，学校非物质文化遗产教育的传承。学生是祖国文化事业的接班人，是未来非物质文化遗产传承的主力军。中国非物质文化遗产是中华文明演化而汇集成的一种反映民族特质和风貌的民族文化，具有民族特色鲜明、历史悠久、博大精深等特征，但部分青少年对本民族文化的先进性和优越性理解并不深刻，部分人甚至缺乏民族文化认同感，这使得非物质文化遗产教育的展开刻不容缓。将非物质文化遗产文化产品引入课堂，是展开学校非物质文化遗产教育的有效手段之一。

第三，非物质文化遗产资源数据库的传承。利用多媒体虚拟现实技术，建立包括文字、图片、声音、视频、动画等在内多媒体数据资源库，全方位地展现非物质文化遗产。非物质文化遗产是指各种以非物质形态存在的与群众生活密切相关、世代相承的传统文化表现形式。其最大的特征是"非物质"的属性，是以人为依托，以声音、形象、技艺、经验、精神为主要表现手段，是以人为本的活态文化遗产。这些特点决定了用数字化手段来记载和保存非物质文化遗产是十分必要且可行的。

随着当代信息技术的发展，用以记录和储存非物质文化遗产资源的硬件、软件、技术等条件日趋成熟，可以借鉴大数据储存的技术和成果来储存非物质文化遗产数字内容，为非物质文化遗产资源数据库的建设奠定坚实的基础。在资源数据库建设中，应该重点从检索功能、展示功能、交互功能、个性化功能等方面着手，打造基于"用户体验"的非物质文化遗产资源数据库。在检索功能方面，优化关键词检索、分类检索以及跨数据库检索等功能；展示功能方面，基于文字、图片的基础，综合运用三维、虚拟现实技术等手段将传统的技艺、经验等以图文影音并茂、虚拟仿真的效果展示出来；交互功能方面，资源信息系统的设计要凸显交互性，方便民众切身参与非物质文化遗产的传承事业；个性化功能方面，可根据受众身份（研究人员、管理人员、项目传承人、普通民众等）的不同设置相应的资源数据库使用权限，以便提供针对性的信息和服务。此外，可通过提高合作程度来改善我国非物质文化遗产资源分布及建设情况不均衡的现状。在资源数据库建设过程中，可在"政府主导、社会参与"原则的指导下，由我国政府主导，引导非物质文化遗产中心、文化管理部门、图书馆、档案馆、科研机构、高等院校等进行广泛的合作，进一步推进非物质文化遗产的宣传和研究工作。

四、非物质文化遗产数字化传播意义

（一）有利于非物质文化遗产的保存

传统的非物质文化遗产保存方法具有封闭、分散等劣势，主要是以民族、群体甚至个人的记忆为载体进行存储。这种保存方式具有较大的局限性。一方面，受到非物质文化遗产传承人个人认知理解程度及记忆规律的限制，可能会导致非物质文化遗产传承过程中的失真；另一方面，受经济、文化全球化的影响，特别是在西方强势文化的冲击下，当代部分青年对传统文化缺乏保护意识及使命感，可能引发由于缺乏文化继承者而造成民族文化断层的局面。当代数字化技术的发展，为非物质文化遗产以最保真的形式长久地保存提供了条件和可能。

其一，数字化传播具有准确性与可集成性。首先，准确性是数字记录的重要特征。非物质文化遗产的有效传承必须基于其保存的准确性。数字化技术通过纪实性记录，以文本、图片、声音、音像、动画等方式对非物质文化遗产的技艺、经验等进行全方位的最真实记录，满足了非物质文化遗产对保存准确性的要求。其次，可集成性是数字化的另一重要特征。由于数字储存器具有巨大的储存能力，能将大量的文本、图片、声音、影像等数据和信息储存于微型芯片上并实现信息之间的有机整合，便于文化遗产资源的保存。

其二，数字化传播具有可拷贝性和永久性。数字化数据具有可拷贝性，这给非物质文化遗产保存和传播带来了低成本、高效率、准确逼真等传播优势，确保了保存和传播的信息与第一手资料的一致性。可拷贝性也有利于非物质文化遗产资源的永久性保存。拷贝备份防止了非物质文化遗产资源因为个别影像材料的丢失而造成的信息不完整，使非物质文化遗产资源的永久性保存成为可能。

（二）有利于非物质文化遗产的传承

将数字化传播技术应用于非物质文化遗产的保护领域，使非物质文化遗产的传承方式发生了重大的变革，传统的封闭式、单一化、低效率的群体传播开始转向开放式、多样化、高效率的大众传播。

其一，数字化传播具有真实性和直观性。数字化传播运用文字、图片、声音、影像、动画等数字媒体技术，将非物质文化遗产相关的图、文、声、像信息以数字形式存入数据库中，从而真实、直观、系统、全面地记录非物质文化遗产，利用数字信息传播过程中的真实性和直观性，防止在传播过程中出现失真与过于抽象的弊端，使非物质文化遗产的原生态、艺术特征、技术特征、表现手法、唱腔、动作等传播内容更为准确、全面、具体与生动。

其二，数字化传播具有即时性和交互性。即时性与交互性是数字媒介的重要特征，也是数字媒介带给人们最直观的感受。数字化传播利用信息传播即时性、交互性、无界化及聚合性等特性，促进非物质文化遗产的异地交流和广泛传播。数字化传播整合了资源，以多元化的信息传递方式，为非物质文化遗产的传承发展提供了新模式。

（三）有利于非物质文化遗产的知识转化

知识转化（knowledge conversion）是指显性知识（explicit knowledge）和隐性知识（tacit knowledge）之间的相互作用和变化。非物质文化遗产同时包含"能被明确表达"的显性知识和"不能通过语言、文字、图表或符号明确表述"的隐性知识，两者之间既相互区别又相互联系，且可相互转化。非物质文化遗产的特性，如不可再生性、脆弱性、活态性、传承性等，加大了其蕴含的显性知识和隐性知识相互转化的难度。借助数字化技术，如网络技术、影像技术、虚拟技术、数据库技术等，将有助于这一问题的解决。如在非物质文化遗产知识社会化的过程中，传统上主要通过观察、模仿和亲身实践等形式使非物质文化遗产蕴含的隐性知识得以传递，其中，师传徒受就是个人间分享隐性知识的典型形式。借助数字化技术建立虚拟知识社区，则为在更广范围内实现非物质文化遗产从隐性知识到显性知识的转化创造了条件。

非物质文化遗产知识的外化，主要是为了将非物质文化遗产蕴含的隐性知识转化为受众比较容易理解的形式。传统的转化方法包括类比、隐喻、假设等。当前数字化技术下知识挖掘系统、专家智能系统的开发，为非物质文化遗产隐性知识的显性化提供了手段。非物质文化遗产知识的综合化是一种知识扩散的过程。传统的方法是将零碎的显性知识进行整合并用专业语言表述出来，形成知识系统。数字化文档管理、内容管理、数据仓库等是实现非物质文化遗产显性知识系统化的有效工具。非物质文化遗产的知识内化过程，是显性知识到隐性知识的转化。非物质文化遗产的显性知识转化为各传承人的隐性知识。也就是说，知识在各传承人间传播，传承人接收了这些新知识后，可以将其用到实际非物质文化遗产的保护和传承工作中去，并创造出新的隐性知识。传统的非物质文化遗产知识内化方法包括团体工作、工作中培训等。数字化技术下的协作工具，如电子社区、在线学习系统等，为非物质文化遗产知识的内化提供了有效的手段。数字化技术的应用，促进了非物质文化遗产的知识转化，实现了非物质文化遗产在传播者和接受者之间的双向传播，有利于非物质文化遗产的数字化时代的保护和传承。

第六节　非物质文化遗产的多元化传播

党的十八届五中全会提出"构建中华优秀传统文化传承体系，加强文化遗产保护，振兴传统工艺"，国家出台了诸多非物质文化遗产传承与保护的相关政策与文件，同时通过数字化技术的有效利用，促进了非物质文化遗产工作的保护成效。2021年8月，中共中央办公厅、国务院办公厅印发了《关于进一步加强非物质文化遗产保护工作的意见》，其中第四章提出：加大非物质文化遗产传播普及力度。文件指出，存储和展示是未来非物质文化遗产传承与保护工作的首要任务，是实现对传统非物质文化遗产内容的长久记录与保存的有效手段。应适应媒体深度融合趋势，丰富传播手段，拓展传播渠道，鼓励新闻媒体设立非物质文化遗产专题、专栏等，支持加强相关题材纪录片创作，办好有关优秀节目，鼓励各类新媒体平台做好相关传播工作，促进广泛传播；将非物质文化遗产内容贯穿国民教育始终，构建非物质文化遗产课程体系和教材体系，出版非物质文化遗产通识教育读本，融入国民教育体系；配合重要活动、节庆、会议等，举办对外和对港澳台非物质文化遗产交流传播活动，加强与联合国教科文组织等国际组织在非物质文化遗产领域的合作，加强交流合作。

一、智慧科技赋能

（一）依托数字技术

传统的文字、图片、音视频等单一感官展示形式已经无法满足当代人对文化信息获取与文化消费的多元需求。通过数字技术，将无形的非物质文化遗产的文化内容进行多维、多样的数字展示，充分贴合当代大众信息接收习惯，提升非物质文化遗产的文化可读性与易读性，让静态信息更加具象、生动，满足各年龄层人群对非物质文化遗产的文化认知需求。如宁波海曙区非物质文化遗产馆利用"全息纱幕+U型幕投影系统"等技术，以 3D 水墨动画的方式展现民间文学经典桥段。

（二）打造数字场景

根据非物质文化遗产项目特征，利用增强现实、虚拟现实、混合现实等技术手段内容，构建非物质文化遗产"文化+科技"的智慧体验场景。建设与之相匹配的非物质文化遗产互动体验区或中心，提升非物质文化遗产体验的趣味性与参与性，加强受众在视觉、听觉、触觉等多感官上的刺激，真正实现非物质文化遗产的深度沉浸式体验，建立公众对非物质文化遗产的深刻认知与理解。如以非物质文化遗产为主题的虚拟现实体验馆，将非物质文化遗产结合 VR、AR、5D 感应、全息投影等多种智能交互形式，还原非物质文化遗产历史故事，展现非物质文化遗产技艺，让受众参与文化表演、制作非物质文化产品等，真正做到非物质文化遗产的全方位沉浸式体验。

（三）线上线下联动

线下的数字展示与沉浸式体验可以让受众置身非物质文化遗产之中，实现跨时空多向交互，全方位深化受众对非物质文化遗产的文化认知与好感度。开发非物质文化遗产项目体验 APP、线上博物馆等让受众足不出户就可观赏到非物质文化遗产成果，真正实现"人人、时时、处处"的非物质文化遗产创意生产与传承。如利用影谱科技，通过智能影像技术对非物质文化遗产的历史发展、外形材质、特征形态等内容进行全方位数字化信息解构说明，让受众在线上就可以体验从非物质文化遗产全过程。

二、媒体矩阵的构建

（一）扩大传统媒体

通过不同媒体对非物质文化遗产进行主题式传播，可以提高受众对非物质文化遗产的触达率与到达率，提升非物质文化遗产在受众中的影响力与认知度。如在报纸、杂志等平面媒体增设非物质文化遗产内容版面或专栏，在广播、电视等媒体上开设非物质文化遗产专题栏目或相关文化节目等，在户外媒体增加非物质文化遗产元素或符号的传播内容，以此提升非物质文化遗产在传统媒体上的出现频率与篇幅，保持公众与非物质文化遗产的日常接触度。

（二）依托视频媒体

以非物质文化遗产作为文化主题或元素，融合电影、电视剧、综艺节目、纪录片等视频内容，可以通过影视剧中的声音、影像、剧情、叙事逻辑或综艺节目中的互动游戏等环节多维度地展现，也可以凭借明星效益形成网络热点话题，获得关注，提升大众对于非物质文化遗产的文化认知与理解。如通过纪录片形式系统地展现非物质文化遗产技艺；真人秀节目邀请明星参与训练及竞赛，推广非物质文化遗产文化；融入中国非物质文化遗产元素的电影、电视剧，如以咏春拳传承人为主人公的电影《叶问》，以唢呐艺术为故事主线的电影《百鸟朝凤》，以苏绣为服化道元素的电视剧《延禧攻略》，以京剧为故事背景的电视剧《鬓边不是海棠红》等。

（三）创新社交媒体

伴随5G技术与数字技术的广泛应用，网络社交媒体的互动传播形式也越来越多样。社交媒体的高频互动、深度渗透、强用户黏性等特点，既满足受众进行移动化、可视化、碎片化搜索、获取非物质文化遗产信息的需求，又可以为受众提供非物质文化遗产信息分享与交流平台。因此，要充分发挥"两微一端"（微信、微博和新闻客户端）等社交媒体的作用，如利用微信好友转发、朋友圈点赞形成社交圈层的传播，借助微博话题引发网友热议，通过新闻客户端进行非物质文化遗产新闻报道，并充分采用点赞、转发、评论等方式提升非物质文化遗产内容的网络热度，保持非物质文化遗产在受众之间的活跃度。同时，也要充分发挥有影响力的人物在微博、豆瓣、小红书、抖音、B站等主流自媒体平台上的感召力，吸引目标受众构建非物质文化遗产日常化和社交化网络兴趣群组，通过平台内外沟通互动，实现非物质文化遗产内容的同屏共创、共享，营造出利于非物质文化遗产传播的良好网络传播环境。此外，网络直播、笔记分享、知识问答、打分点评等也逐渐成为网络社交的创新形式，可以通过关于非物质文化遗产内容的网络互动快速吸引非物质文化遗产的目标圈层人群关注，并向外圈层人群辐射传播，实现非物质文化遗产的圈层渗透传播。

三、优化公共服务

利用文化馆（站）、图书馆、博物馆、美术馆等公共文化设施开展非物质文化遗产相关培训、展览、讲座、学术交流等活动。主要是从非物质文化遗产公共资源、非物质文化遗产公共空间与非物质文化遗产公共教育等三方面开展公共文化设施和公共服务。

（一）完善服务体系

按照中央文化体制改革和发展工作领导小组办公室 2020 年发布的《关于做好国家文化大数据体系建设的通知》中的八大基建任务，各地文化馆（站）、图书馆、博物馆、美术馆等公共文化机构与设施应集中资源、优化整合，通过建设综合性非物质文化遗产线上数字资源平台，构建从国家到省、市、县、乡、村层级分明的非物质文化遗产数字资源公共文化服务体系。加快各地各级非物质文化遗产机构的非物质文化遗产数字化建设进程，逐步完善非物质文化遗产项目的数字档案信息，构建集存储、著录、整合、检索、备份等系统于一体的非物质文化遗产档案管理数据库、非物质文化遗产数字资源素材库等，搭建全国非物质文化遗产数字资源共建共享的开放平台，兼顾沟通学习与创意借鉴，成为非物质文化遗产传承人、研究者和爱好者等群体的线上交流中心。

（二）强化公共体验

除了线上数字资源平台建设外，公共文化机构与设施也应充分发挥其在社会生活中的公共文化服务作用，优化升级线下空间资源与设施设备，在各地各级公共设施内部与外部打造全方位、全空间的非物质文化遗产展区。在场所内部，可以开辟当地非物质文化遗产展示空间、非物质文化遗产项目交流空间、非物质文化遗产数字体验区、非物质文化遗产创意创新孵化空间、非物质文化遗产公共图书阅读角、非物质文化遗产趣味互动区、非物质文化遗产创意消费区等公共空间非物质文化遗产展览、学习、体验及消费项目；在场所外部的公共区域设置非物质文化遗产艺术共享空间，如非物质文化遗产元素设施、艺术装置、休闲区等，增强公共文化设施的非物质文化遗产的文化体验性，营造全方位的非物质文化遗产的文化氛围。

（三）开展普及教育

图书馆、博物馆、文化馆等公共文化设施作为服务大众的文化机构，应提供如文化经验交流、文化知识服务、文化创意辅导、文化技能培训等相关文化服务。就非物质文化遗产教育而言，一方面，向非物质文化遗产传承人、非物质文化遗产学徒等非物质文化遗产从业人员提供专业而系统的非物质文化遗产数字化、文化创意等内容的教育服务，如数字素养提升、数字基本技能、数据平台处理、数字展示技术等专业技术，以及创意设计、创意表达、创意活动等资讯，以适应当代非物质文化遗产数字化与创新性传承与保护的发展趋势。另一方面，向大众提供非物质文化遗产普及性教育服务，覆盖不同年龄层人群，满足大众非物质文化遗产体验需求。针对青少年，应以互动体验式教育内容为主，调动他们感官去认识和体验非物质文化遗产，如利用非物质文化遗产元素加强空间视觉冲击、利用非物质文化遗产乐曲加强听觉享受、利用非物质文化遗产体验增加触觉感受等；面向中青年人群，应提供以新媒体为主的创新式教育体验，如非物质文化遗产网络文化课程、沉浸式非物质文化遗产体验工作坊等；而对于老年人群，应尽量还原传统，提供原汁原味的演出或体验活动，让他们在现代生活中依旧能感受到非物质文化遗产的文化内涵与情怀。

四、创新传播路径

创新传播路径可从创意营销活动、联名跨界合作、多元非物质文化遗产会展活动等方面开展。特别是在传统节日、文化和自然遗产日期间组织丰富多彩的宣传展示活动，加强专业化、区域性非物质文化遗产展示展演，办好非物质文化遗产博览会、非物质文化遗产节等活动，创新传播路径。

（一）创意营销活动

文化消费是非物质文化遗产传承与发展的创新动力，可通过开展各类创意营销活动，增加文化消费市场活力。将非物质文化遗产产品与数字展示、互动体验相结合，实现非物质文化遗产线上线下一站式消费，为用户提供"可见即可视，可视即可购"的服务，提升受众对非物质文化遗产的消费体验。《2019中国夜间经济发展报告》显示，消费者更喜爱夜间节庆和文化场馆的演艺活动。因此，可以利用非物质文化遗产演出、非物质文化遗产技艺展示以及非物质文化遗产"快闪"等活动，点燃"夜生活"、带动"夜经济"。最后，还可以采用直播带货、笔记推广等方式促进非物质文化遗产产品的销售，也可以在新媒体平台形成"二次传播"，进一步推动非物质文化遗产产品消费。

（二）互动跨界合作

互动跨界是提升非物质文化遗产知名度有效的创新传播手段。通过非物质文化遗产IP孵化、游戏开发、文旅结合、衍生品开发等方式，打通非物质文化遗产产业链条的上游、中游、下游，产生新创意、构建新模式，形成"1+1>2"的合作效应。如以公共文化设施为活动场所，举办非物质文化遗产与秀场、音乐会、戏剧等的跨界活动，将多元文化表现形式引入非物质文化遗产展区、非物质文化遗产馆或非物质文化遗产体验中心，强调受众参与跨界文化活动过程中的非物质文化遗产体验。与其他品牌进行联名互动，实现资源共享、优势互补，借此引发互动话题事件，形成裂变式的口碑传播，不仅可以快速提升非物质文化遗产知名度，也可以深化非物质文化遗产的文化认知。

（三）打造多元展会

展会活动是非物质文化遗产进行大范围文化展示与经验交流的重要途径，可利用各类会展形式，创新非物质文化遗产展会活动内容，结合各地区位资源优势，打造非物质文化遗产特色展会或节庆活动，扩大中国非物质文化遗产在全球的影响力。通过大型产品交易类展会与世界各国就非物质文化遗产产业发展进行商业交流，不仅可以向大众展示如非物质文化遗产、文创周边、数字应用等我国非物质文化遗产保护成果，引发国际关注、媒体报道，提升非物质文化遗产的文化影响力与国际知名度，还可以搭建国际非物质文化遗产产品交易平台，拓展文化消费市场，更能借此了解世界各国文化产业发展现状与趋势等资讯，为我国非物质文化遗产发展提供新思路。结合各地各类非物质文化遗产内容，举办非物质文化遗产艺术节、非物质文化遗产展或与之相关的非物质文化遗产节庆活动，旨在将非物质文化遗产融入大众的日常生活中，让大众通过深度体验加深对非物质文化遗产的文化理解，感受中国非物质文化遗产魅力。举办非物质文化遗产论坛、峰会、研讨会等，与非物质文化遗产传承人、非物质文化遗产专家与学者、政府机构人员等共同探讨非物质文化遗产传承与保护、国际合作交流、创新发展与传播等问题，在学理与政策方面推动非物质文化遗产传承与发展。

第三章　图文时代的非物质文化遗产传播

视觉是人类获取信息的主要渠道。人自出生以来，即靠视觉来获取知识，观察其四周的环境。视觉文化的崛起是时代发展的必然趋势，每个人接受的外部信息中，有80%来自视觉信息。在如今快节奏的时代，人们都倾向于以最短的时间和最快的速度去接收信息。最近的一项研究表明，大多数互联网用户认可并分享一篇网络文章时，通常只阅读了第一行，甚至是一个标题。而同时出现的图片的颜色、大小和形状等视觉元素，能够直接唤起人们的各种感情——温暖、喜悦、冲动、愤怒。通过视觉获取的信息可以是文字、文本，也可以是图像文本。对人类文明、历史和文化的再现是语言和视觉的联合。图像是一个非常重要的传播媒介，在视觉时代进行信息传播它有着其他媒介不能达到的效果，直观、迅速、高效、客观存在的特点，强烈的视觉冲击力让受众得到视觉化的信息。非物质文化遗产的传播大致分为三种形式，一是各种文献，包括档案、报刊、图书等印刷媒介；二是口述，运用"口耳相传"等方式记录下来的民间故事、风俗、神话传说等；三是关于非物质文化遗产的建筑、遗迹的图片、视频等影视媒介。通过整理发现，非物质文化遗产的传播更多是文字文本等静态传播，同时又因为传承人的年龄都普遍较大，更倾向于传统的传播手段，主要以口耳相传、口授心传的方式进行传承传播。非物质文化遗产的传播，必须尊重每个非物质文化遗产项目的特殊性，将其中的文化内涵研究透彻，用思辨的理性审视每一个细节，这种深度思维的改造才能借助新媒体时代的传播力和影响力，引导大众正确认知非物质文化遗产，让古老的非物质文化遗产真正"活"起来。

点击进入中国非物质文化遗产网·中国非物质文化数字博物馆（http：//www.ihchina.cn/）主页，在"清单"一栏可查到"国家级非物质文化遗产代表性项目名录""国家级非物质文化遗产代表性项目代表性传承人""国家级文化生态保护区""国家级非物质文化遗产生产性保护示范基地""联合国教科文组织非物质文化遗产名录（名册）"和"中国入选联合国教科文组织名录（名册）项目"。点击进入"国家级非物质文化遗产代表性项目名录"，里面可以查看到3610个子项目的编号、名称、类别、公布时间、申报地区或单位和保护单位。点击某一个具体的项目，进入界面之后，就是该项目的文字介绍。例如点击进入"联合国教科文组织非物质文化遗产名录（名册）"，首先映入眼帘的是一个时间轴和一个分类轴，包括急需保护的非物质文化遗产名录、人类非物质文化遗产代表作名录和优秀实践名册，页面下方就是相关的图片可以点击进入获取"项目简介"的文字信息。点击"中国入选联合国教科文组织名录（名册）项目"进入主页面，同样会看到一个时间轴以及和时间轴匹配的相关图片，点击图片进入某个非物质文化遗产项目的页面就会得到其文字文本介绍和不确定数量的图片文本。在"资源"一栏显示展览、影音、图集和赏析。整个网站，文字文本介绍居多，图片和视频较少，象征性放了几个图片和视频，完全不能够满足浏览者的需求，不能很好地展示非物质文化项目，特别是名录和名册里面的项目。

第一节　非物质文化遗产的多模态传播

一、多模态

人类通过多种感觉器官接触世界，例如眼睛、耳朵、鼻子、皮肤等。"模态"一词源自语言学，指的是语言句子中说话者的语气。但是现在模态的意义更加广泛，常见的模态包括视觉、文字、声音。图像是自然界存在的连续空间，而文本是依赖人类知识、语法规则组织的离散空间。模态存在任何类型的传播文本中，特别是随着图像化转向的来临，图像表达的意义潜势来自视觉模态的符码，图像的多模态表述反映了参与者之间的关系，参与者的性别、年龄、阶层、背景等因素也会对图像的意义潜势产生影响。

多模态（multimodality）是指交流和表达总是依靠包括语言在内的多种符号模态（mode）来实现（Kress，2001）。多模态指的是多种模态的信息，包括文本、图像、视频、音频等。顾名思义，多模态研究的就是这些不同类型的数据的融合问题。多模态信号分析需要信息科学、符号学、语言学、心理学等跨学科的理论架构和知识采纳。多模态研究的是视觉语言问题，其任务是关于图像和文字的分类、问答、匹配、排序、定位等问题。持多模态视角的学者认为，为了理解社会互动和意义生成（meaning-making）的片段，研究者应不只关注口语和文字信息。如若忽略图像、肢体动作等模态（mode），就不足以反映参与者建构出的完整意义。因此，多模态认可所有信息的符号意义，对于口语、手势、图像、文字等信息给予同等的关注，致力于推动对于社会的批判性理解，涉及意识形态、权力、结构、能动性、声音、身份、社会变化、流动性、多元性等话题。多模态聚焦于意义生成，致力于记录并分析信息的符号学意义。多模态学者认为，可以从审视细节的信息来研究社会世界，解释社会与符号学现象，细节信息，如页面的标点、肢体动作、对话交流中的音高变化都可成为分析对象。信息的选择并非基于形式与介质，而是基于它们生成意义的能力。在传统社会中，书写符号的出现使语言文本垄断了意义表达的渠道。而在现阶段的"视觉年代"，视觉符号正在超越语言符号而成为文化的主导形态。多模态聚合的媒体信息最终由符号、情绪、情境这三个维度信息的叠加得以呈现。

二、多模态传播

语言句子和符号文本具有表意的相似性，语言句子和符号文本的基本结构是相似的，因此符号文本可以看作语言句子结构的扩容。以往的传播学研究主要考察的是传播者的意见和态度，而现在还包含传播文本中的其他符号元素，也就是说，传播文本的意义是多个符号元素相互角力的结果。以模态作为传播研究的框架，可以更清晰地考察传播文本意义是如何生成的，模态传播是一种"元传播"，是研究传播的传播。现代社会媒介具有多媒介联合表意的特征，因此可以说多媒介联合文本的传播是一种多模态传播。

多模态分析就是把参与交流的单一模态所表征出的再现意义、互动意义和构成意义综合起来，分析它们之间如何互动，最后所产生的意义潜势如何推动了多模态符号体系控制下发生的现实行动。多模态符号文本考虑符号在一个共处系统中如何与其他符号在交流中共同发挥作用。多模态文本中每一个模态符号都成为该文本意义的符号资源，符号资源实际上是意义资源。

非物质文化遗产是在社会发展过程中保留下来的文化瑰宝，随着社会的发展和进步，一些非物质文化遗产逐渐淡出了人们的生活，产生不了经济效益，也不能创造更多的价值。传统方式下的非物质文化遗产传播给人们带来的经济利益微薄，不足以支撑开销，这也使许多非物质文化遗产的传承面临断流的危险。在这个信息化时代，数据传播快，依托各种媒介技术，能更快速、范围更广地传播非物质文化遗产文化。多媒体社交平台也可以成为以非物质文化遗产为内容的延伸性传播平台，让外国友人体会中国文化的魅力。

2021年由上海外国语大学举办的第一届中国传统故事多模态国际传播研讨会立足中国故事的国际传播，构建多模态传播格局，并成立了中国故事多模态国际传播研究中心（Centre for Study of Stories of China，CSSC）。用多样性、丰富性、真实性、情感性的多模态话语来讲述中国故事，契合了人类社会发展的现实和互联网平台思维下国际传播的新趋势，能够大大增强中国故事的说服力。中国故事多模态国际传播研究中心以多模态（文本、图像、音视频等）数据为基础，结合图像学、语言学、叙事学、符号学、认知科学、图像计算等多学科多维度的综合方法，对中国故事图像展开标注、计算、分析、阐释等方面的深入研究。以多模态图像资料库方式呈现的富标注语料，将是中国故事多模态国际传播研究的基础资源。研究中心将为讲好中国故事、传播好中国声音、向世界展示真实、立体、全面的中国做出贡献。中国故事多模态国际传播研究中心为中国非物质文化遗产对外传播做出积极贡献。

从现有研究成果来看，多模态话语研究的主要理论基础为韩礼德的系统功能语言学，研究方法主要是社会符号学的分析方法。当然，多模态分析还涉及其他领域的研究成果，如图像学、符号学、传播学等。国外学者早在1977年就开始了对多模态话语分析的研究，论文《图像的修辞》中探讨了图像在意义表达上与语言的相互作用（R. Barthes，1977）；对多模态话语分析做出较大贡献的学者（如 Kress G and van Leeuwen T）则主要以社会符号学的理论为基础构建视觉语法，他们在1996～2003年所做的研究中探讨了模态和媒体的关系，专门讨论了多模态现象规则地表达意义的现象，包括视觉图像、颜色语法、版面设计和不同媒介的作用。他们认为视觉图像和语言文字一样都是社会文化的产物，是人们识解意义的资源。在图像和文本的关系上，国外学者持有不同意见。有学者根据文本对文字表达信息和图形表达信息的依赖程度的强弱，勾画了一个文本类型分布的连续图来说明哪些文本类型对图形的依赖性较强（Bernhardt，1985）。巴尔特（Barthes）认为语言决定图像的意义；而克雷斯和冯·列文（Kress and van Leeuwen）则认为图像自身是有组织、有结构的，它的意义构建是独立于语言而存在的，并不依赖于文字。图像和文本如何在内容层面相互作用生成意义是多模态话语分析的难点和关键（Matthiessen，2007）；图像和语言之间存在类似语言本身的重复、同义、反义、下义、搭配等关系（Royce，2007）。有学者用"互文性"（intertextuality）来描述图像和语言的关系，认为在图文并置的话语中，语言和图像的意义是在争执、对话、延伸的过程中产生的。

国内的多模态话语分析起步较晚。李战子（2003）用系统功能语言学理论对多模态话语理论进行研究。胡壮麟（2007）讨论了多模态符号学和多媒体符号学的区别，介绍了具有媒体和模态双重特性的计算符号学。朱永生（2007）对多模态话语的产生、定义、性质和理论基础以及内容、方法和意义进行了详细系统的梳理。王宁、刘辉（2008）探讨了语符翻译和跨文化图像翻译，指出傅雷在翻译实践上对西方翻译理论的构建所做出的贡献。张德禄（2009）对多模态话语分析综合理论框架进行了探索，并以图表的形式清晰展示了多模态话语媒体系统、多模态话语形式及关系、多模态话语分析综合框架、图像的语法和话语以及多模态话语语法的建构。汪燕华（2010，2011）主要研究了多模态话语中的图文关系，指出语类和图类的配置模式是多模态话语构建其"可识别性、可预测性"特征的重要方面。张德禄（2012）探讨了多模态话语的设计，指出设计是处于话语意义和模态之间并根据话语意义选择合适的模态或组合的过程。程维（2014）对纪录片字幕的汉英翻译进行了研究，指出画面、声音、配乐等元素所构成的"中间文本"的存在。除此之外，代表性的相关研究还有陆洋（2003）、韦琴红（2009）、彭兵转、姜毓锋（2013）、李德志（2013）、代树兰（2013）等。

非物质文化遗产外宣翻译材料的多模态化才能够使译文文本的意义生成更加完整和全面。配有图片的译文文本会比纯文本更加具有意义张力，然而，附有视频、音乐甚至是触觉的多模态译文文本的意义生成潜能（meaning-making potential）将会成倍增加（覃海晶，2015）。

如何有效综合运用语言、文字、图像、音乐等多模态的符号资源建构高质量的非物质文化遗产外宣传播是目前一个重要的研究课题。同时，现代媒体的广泛使用，使得非物质文化遗产的多模态更加通俗化，更具传播力。以前，诸如报刊、广播、电视和互联网等媒体是通过不同平台分发信息和数据的。然而，当今无论是何种类型的信号媒体，都可以融合到同一平台上的无差别数据，内容变得越来越数字化，融媒体正在创造一个新的媒体时代。融媒体，即媒体融合，是指充分利用广播、电影、电视、报纸、互联网等传统和新型的媒介载体，把各种既有共同点又存在互补性的不同媒体通过一个数字平台提供不同媒体进行信息和数据的分发。融媒体是一种在人力、内容、宣传等方面进行全面整合，实现"资源通融、内容兼容、宣传互融、利益共融"的新型媒体。随着科技的进步和媒体融合的不断推进，出现了许多针对不同用户群体的新兴业务，以满足用户的差异化需求。在对非物质文化遗产进行传播时，可以针对每个非物质文化遗产项目开发图文素材、音视频、动画、电子读物、教学案例、微课程、专业课程、互动产品等数字化教学资源，满足儿童、青少年用户、社会爱好者、专业学习者、行业从业者和专业教师的不同需求。同时，融媒体传播改变了非物质文化遗产信息的组合方式，以超链接的方式将分布在世界各地的非物质文化遗产信息以多媒体方式组织起来，用户可通过互联网访问相关非物质文化遗产页面。非物质文化遗产可使用网络直播、虚拟现实技术、H5 技术、3D 等新技术实现基于线上的传播，扩大非物质文化遗产传播的辐射面。此外，融媒体可以整合和共享发布平台和推广渠道。

非物质文化遗产保护与发展中的数字化应用，是通过数字技术在非物质文化遗产数据采集、数据存储、数据传输、数据处理、数据分析、数据应用等方面的作用，助力非物质文化遗产保护、展示、传承、传播，探索传统文化的创造性转化和创新性发展。如今随着互联网的快速发展，数字孪生、元宇宙、NFT 等概念技术的不断发展，在非物质文化遗产的传播上也有了许多新途径。加快数字化发展进程，充分利用多模态传播方式，既是非物质文化遗产保护、传承和传播的内在需求，也是社会发展和科技进步的必然趋势。把传统融入现代，用最手工的非物质文化遗产技艺碰撞最新潮的数字科技，让创新"活化"非物质文化遗产，让非物质文化遗产真正融入生活。

第二节　非物质文化遗产传播中的图文关系

图像已经成为现代社会生产过程中的典型文化表征和大众文化生产方式。当代文化已经从语言主因型转变为图像主因型，在当今视觉文化成为主要趋势的形势下，图片成为文化交流的主导因素。作为视觉符号，对图像的解读是发现意义的过程。图像与事物之间存在着表征与被表征、理解与被理解的关系，在受众与图像间的互动中加以体现。图像的互动意义是指图像的生产者、图像中的符号元素以及图像的解读者之间的关系。图像的构图意义指的是图像中符号的空间位置、符号显著性等因素所透露出来的意义潜势。图像是受空间逻辑支配的，空间中的不同位置决定了图像的意义，图像中的符号位于上下左右、中心还是边缘，都有着不同的意义。

在恰当处理英译文本中图片与文字的关系以及在图片的参与下，非物质文化遗产对外宣传和传播中采用什么配图方式和配图策略将会成为影响传播效果的重要因素。图文关系的研究主要涉及书籍、宣传画册、相关景点旅游资料,以及纪念馆、博物馆资料的英译文本等。

一、图文互补的认知心理学理论基础

基于认知心理学理论,人类对知识的构建和理解分为三个过程:获取信息、构建意义和实践能力(顾曰国,2007)。其中,信息的获取包括视觉、听觉、味觉、触觉等。在英文中,关于图片的单词有 picture、graphics 和 illustration 等,picture 为人物、景色等在平面上的视觉呈现,graphics 更多是指表格或图表,illustration 则是指在出版物中的插图、图解和例证等。本书图文关系中的"图"侧重于第三个概念,也就是在非物质文化遗产外宣文本中的插图和图解。

根据帕维奥(Paivio,1986)提出的双重编码理论,信息分为言语编码和视觉编码,在信息的储存、加工和提取过程中,语言和非语言的信息加工同样重要。表象系统和语义系统共同构成了人的长时记忆,并且,通过表象信息加工的意象系统在记忆的回忆中更加具有优势。建立文字表征的联结(connection)和建立视觉表征的心象(images)结合在一起,从而构成参照连接(referential connections)建立心理表征。双重编码理论中最重要的原则就是:同时运用视觉和语言两种形式呈现的信息能够更加持久地得到储存、记忆和识别。

在视觉学习理论之后,迈耶(Mayer)通过实验研究,提出了利用多媒体促进知识理解的五大原则:多元表征原则、临近性原则、注意通道分离原则、个体差异原则和一致性原则(Mayer,1997)。多元表征原则是指语言和图片共同构建的意义比单一的语言解释效果好。临近性原则指文字表征和视觉表征同时呈现要优于分开呈现。注意通道分离原则是指信息在多模态形式下,文字表征如果通过视觉形式来呈现,效果要优于文字文本的呈现。个体差异原则是指根据个体差异,图片和文字效果的差异性存在。一致性原则指出:在文字和图片共同进行意义构建的时候,图片应该慎重选择,宁缺毋滥。

以上的双重编码理论和视觉学习理论都同时强调了文字和图片对意义

构建的重要性，并且指出图片的正确选择对意义的构建所产生的作用。在非物质文化遗产外宣材料中，语言材料所呈现的文字表征是必需的，但图片的参与也是必需的。有时，当图片和文本同时出现的时候，直观的图片更加能够在第一时间吸引读者的关注和兴趣。因此，准确地进行图片选择和插图配置是有效传递非物质文化遗产信息的关键所在，也是提高非物质文化遗产外宣传播效果的途径之一。

二、符际互补理论

在韩礼德（Halliday）系统功能语言学的三大元功能（metafunction）基础上，罗伊斯（Royce, 1999）提出了研究图片和文本关系的符际互补理论（intersemiotic complementarity），用于分析页面视觉模态（visual mode）和文本模态（verbal mode）在语义层面如何共同完成对意义的构建的互补关系。

符际互补理论在分析多模态语篇时分成三个步骤。第一步，对图像中的视觉信息符号（visual message elements, VEMs）进行识别；第二步，分析语篇中的言语符号；第三步，在前两步的基础之上，分析图像符号和文本符号之间的关系。其中，在第一步骤中图像意义的研究主要是通过 Kress 和 van Leeuwen 的视觉语法（visual grammar）进行分析，第二步骤中文字意义主要通过 Halliday 的系统功能语法来进行分析。第三步图文关系则是运用符际互补理论，包括概念/纯理符际互补（ideational intersemiotic complementarity）、人际符际互补（interpersonal complementarity）和构图/成分符际互补（compositional complementarity）。概念/纯理符际互补关系借助了词汇学的语义关系，分析文字和图片之间是否存在同义关系（synonymy）、反义关系（antonymy）、重复关系（repetition）、搭配关系（collocation）、整体部分（meronymy）和上下义关系（hyponymy）等。人际符际互补关系的获得是指在文本模态和视觉模态中，人际意义在语气系统得到符际加强（intersemiotic reinforcement of mood），在情态系统符际态度出现一致（congruence）或者相反（dissonance）的情况。具体来讲，就是在文本模态中，人际意义的分析主要看信息在语篇中以何种言语功能来实现，提供（offer）、命令（command）、疑问（question）还是陈述（statement）。视觉模态言语功能的分析，则主要看是否有直接与读者或者观众进行交流和互动的视觉技巧存在，比如眼神、手势、方向、切入点等。构图/成分符际互补关系是通过语篇布局来实现的，考察图像与文本如何协同、互补来呈现一致、连贯的信息。

三、插图分类和有效性

插图可以从内容、组织形式和功能进行分类。从内容上看，插图可以分为示意图、山水图、实物图、展示图、景观图等。从组织形式看，则可以分为序列图（以时间顺序排列的独立图组）、多层图（表达两层或两层意思以上的独立图）、独立图（表达一个完整意思的单幅图）和发散图（共同表达同一主题的多幅图）。从插图的功能看，大致可以分为五大类：装饰、强化、扩展、概括和比较（Hunter，1987）。要考察插图是否发挥其应有的作用，就要对插图的有效性进行评估。对插图有效性构成影响的因素大致可以分为四个方面：功能定向、变量、阅读者自身特征和文本目的。不同内容的插图具有不同的功能，要根据文本所需目的进行图片的选择，让文本和图片的匹配达到最优化，才能够达到最佳的信息传递效果。根据文本的需要，图片的功能可以有装饰、美观、解释、促进、强化、概括、强调、扩展等。影响图片效果的变量包括图片的色彩、大小、形状、位置、文本与图片的重叠程度以及呈现方式等。根据阅读对象的不同，图片的选择也有有效性密切相关。阅读对象会因为年龄、学历、文化程度、性别等因素的不同，对图片建立不同的心理表征，对图片的解读和理解有差异。插图要达到最佳的效果，就必须充分了解文本目的，插图选择建立在文本目的基础之上。

四、插图选择

（一）民间文学类非物质文化遗产的图与文

关于"口头传说和表述"的民间文学，包括神话、传说、故事、歌谣、谚语等，强调以人为核心的技艺、经验和精神，与其他非物质文化遗产项目有着不同的传承特点和异质性特征。民间文学的传承特点有两个鲜明的特征。第一，传承方式单一，特别依赖于故事讲述人；第二，充满浓厚的生活气息。因此，口述耳听是民间文学最基本也是唯一的讲述和传承模式（詹娜，2013）。这一类非物质文化遗产的主要传播载体是语言，保护和记载多为静态的文本，要想用图片把描述性质的语言完整地传递出来是比较困难的，因为语言和图片是隶属于不同模态。

目前，民间文学类非物质文化遗产的宣传存在诸多问题。例如，在介绍过程中，缺乏针对性较强的、内容丰富、意思表达完整的图片或影像资料；文字描述之外的相关配图也很少，或者所配图片不能够很好传递文字作品的意义和价值等（吴林博，2017）。针对这一问题，首先，民间文学非物质文化遗产传播者，特别是网站制作、图书编辑、宣传手册设计等应该充分意识到图片对于文本有效传播的重要性，凸显不同符号间的互补作用。其次，在"口头传说和表述"的民间文学配图选择上，如果使用独立图，大都只能表现文字作品中出现的人物、景观、实物、故事的某一场景等，或是有明显地标性特点的地域性图片，不能展现完整的故事情节。从符际互补理论中纯理符际互补关系来看，文字和图片之间多会呈现重复关系、上下义关系、搭配关系和同义关系，图片进一步辅助文本，构成更加完整的意义建构，图文间的反义关系则较少出现。再次，民间文学较多涉及故事、传说等，情节性都较强，如果版面设计和空间允许，在图片组织形式上更加建议使用序列图，用多幅独立图组成一个连贯完整的故事情节展现。当然，色彩图片的参与能够传递更多的信息和内容。最后，从图片功能的角度看，如果文本的情节和内容过于复杂，配图可能仅仅是一个装饰作用，在涉及某一个情景或者片段时，图片则对文本有解释、强化、概括和扩展的功能。浏览中国非物质文化遗产网，在民间文学类别中，几乎没有任何图片的展示，脍炙人口的白蛇传、梁祝传说、孟姜女传说、董永传说等仅有文本介绍，如此生动感人的传说故事，在介绍的时候毫无视觉冲击力，不得不说这在宣传过程以及传播效果中是一个非常大的遗憾和损失。

（二）表演艺术类非物质文化遗产的图与文

表演艺术是一个大的类别，涵盖了注重表演和展示的民间歌舞及传统戏剧曲艺，综合了民间音乐、民间舞蹈、传统戏剧、曲艺、杂技与竞技等艺术形式。

民间音乐包括民间歌曲、民间器乐曲、舞蹈音乐、戏曲音乐、曲艺音乐和民间祭祀仪式音乐等形式（王文章，2008）。有的把民间音乐类非物质文化遗产分为民间歌曲、民间器乐、民间宗教音乐、综合性民间乐种（詹一虹，周雨城，2014）。声音是音乐类非物质文化遗产传播的主要载体，声音是无法复制重现的。非物质文化遗产中的民间音乐，如民歌、山歌、小调、渔歌等，就音乐本身而言，几乎不能够用图片进行展示。能够通过图片进行视觉化处理的音乐载体包括相应的音乐舞蹈形式、器乐、音乐场景、音乐表演的着装和服饰，用来凸显不同音乐所营造的氛围或带来的视觉感官和意境，所以民间音乐的配图大都是装修和美化功能。民间器乐则相对更加容易通过图片进行展示，虽不能呈现乐器所发出的美妙声音，但是实物图片足以让阅读者看到乐器的结构、外观和部分功能，同时，还能用图片展示乐谱。因此，非物质文化遗产中的民间乐器是易于通过图片进行展示的。例如，中国非物质文化遗产网对古琴的各种类型进行了正面和反面的图片展示，还通过意境图展示了古琴琴道。民间祭祀仪式音乐和民间宗教音乐是带有特殊色彩的音乐形式，表达音乐人的情感、寄托和信仰。这类音乐形式的图片展示多为仪式场景、相关器具和特殊场合的着装。

传统戏剧综合了文学、音乐、舞蹈、绘画、雕塑等元素，讲究"唱念做打"。曲艺是中国民间各种说唱艺术的总称，是由民间口头文学和歌唱艺术经过长期的演化发展而成的一种独特的表演艺术形式，本质特征是口头语言进行的说唱表演。戏剧和曲艺的成分和因素是多元化的。在图片的选择时，可以通过文本的内容和功能不同而有所侧重。如在介绍戏曲和剧种起源时，可以配有发源地、表演场景、戏台等相关图片；在剧目介绍时，可以用色彩丰富艳丽的演出剧照图片展现人物的形象、服饰特点、道具、妆容并对文本解释、促进、强化、概括、强调，扩展文本内容，和文本内容构成互补关系，与文本同步营造戏剧氛围。

杂技与竞技包括武术、功夫、拳术和体育类非物质文化遗产，包含技能、对抗和挑战等因素。在这一类非物质文化遗产文本描述中，尽管能够对各种杂技、功夫、竞技体育项目进行细致的描述，强调其特色，凸显高超的技艺，但始终没有图片直观，一大段的文字陈述比不上几张图片的视觉冲击力强。因此，在这一类非物质文化遗产的对外宣传中，特别强调图文的结合。试想一个武术或者功夫的连续招式，用序列图（按照顺序排列的独立图组），就能够很好呈现。所谓的武林秘籍更多的是图片呈现而非文字描述。体育非物质文化遗产资源数据库图片资料包括环境习俗、项目介绍、人物机构和文物文献（陈小蓉等，2017），涉及器械、服饰、场地、传承人等。不论独立图还是发散图，共同表达同一主题的多幅图都是较好的选择，重点是要在图片中显现动态特征，否则再精彩的文本都会略显逊色。

（三）传统手工技艺非物质文化遗产的图与文

传统手工技艺类非物质文化遗产见证了一个民族发展历程。传统手工技艺的传承方式主要是通过言传身教，更多是手把手地传授，因而关于传统手工技艺的相关书籍相对较少。现场图片和视频资料的记录就显得尤为重要。在这里，民间美术包括在传统手工技艺中。因为民间美术和传统手工技艺在内涵上有重叠之处，同时民间美术审美承载的核心是手工技艺及其手工艺作品（黄凌梅，2014）。美术的美就需要用眼睛去欣赏，图片参与的重要性显而易见。民间美术在形式上就是一种视觉艺术。在传统手工技艺类非物质文化遗产的图片展示中，除了可以用独立图展示手工制品、工具、技艺过程展示出实物以及手艺人和匠人们的高超技艺之外，还可以通过工具，展示出手工技艺的复杂性，比如，在一张展示雕刻过程的图片中，可以用到多层图表达两层或者两层以上的意思，展示手工艺品的制作过程，并通过旁边大量各式各样的雕刻刀凸显雕刻的复杂程度，甚至通过匠人们的精雕细琢传递一个雕刻制品漫长的制作过程。因此，在传统手工技艺非物质文化遗产的宣传中，除了文本介绍之外，将以图片展示为主，除了实物展示图，还可以多用表达多层图以及序列图。

（四）传统医学和民俗非物质文化遗产的图与文

中国的传统医学包括对人体生命的认知和预防疾病的实践、以口传心授的口头文化为主的民族医药、养生保健等医疗活动和与传统医药有关的民俗、礼节四个方面（诸国本，2011）。其中，民族医药涉及苗族医药、土家族医药、侗族医药等，最具有非物质文化遗产的特征，是非物质文化遗产保护的重点。这些独具特色的民族医药，在文本介绍的同时，可以在图片中体现其少数民族特色，例如通过服饰、头饰、妆容、建筑、居住环境来体现具体民族。在实物图片呈现的同时，在图片中额外增加民族的相关信息，让图片对文本里所提及的民族以及民族性起到促进、强化和扩展等作用。此外，涉及中医的把脉、针灸、拔火罐、正骨疗法等医术务必用到图片进行展示和说明，仅靠文字说明是远远不够的，再详尽的文本描述都没有图片直观和清楚。有关中国传统医学的非物质文化遗产较少涉及情感因素，图文之间的关系大都为同义关系或重复关系，起着相互加强和强化的作用。

民俗类非物质文化遗产泛指传统仪式和传统节日，包含丰富的内容，如节日、祭典、婚俗、庙会、灯会等，是最贴近人们生活的一类。民俗类非物质文化遗产既有物质载体，也有精神传承。在传统仪式和传统节日活动中，蕴含特殊意义的食物、服饰、饰品、手工艺、表演应运而生，涉及食品制作手艺、传统服饰装扮、手工技艺、歌舞器乐等，可以说，民俗类非物质文化遗产把各大类别的非物质文化遗产进行了完美的融合。在这一类非物质文化遗产的文本宣传中，内容显得尤为丰富和多样化，涉及仪式和节日的时间、方式、起源、文化、象征意义等，相对来说，如果使用独立图，在内容表达上就显得相对单一，因而，多层图和发散图的使用更合适，阅读者可以通过图片中的多层信息或多幅图的共同呈现全方位了解文本内容，形成更加准确的心理表征。除了图片本身，在图片设计和制作的时候，还可以增加传统仪式和传统节日的时间，对文本的信息内容进行加强或补充。对于民俗类非物质文化遗产，民俗精神和文化的传承是核心，其中包含信仰、寄托和感悟等，单独用图片来表达和弘扬民俗精神是有难度的，只能够通过图片内容所营造的氛围去影响阅读者情绪、思维，并且通过文本之间的互补来传递连贯和一致的信息，形成共鸣。

第三节　非物质文化遗产中的视觉修辞

非物质文化遗产作为一种文化形式，是各民族世代相传的文化精髓，传播方式不仅靠文本，更依赖视觉上的信息传递和传达，这源于自古以来人们对视觉的偏爱，源于图片能够更加真实地记录场景和事情经过。随着读图时代的到来以及"图像转向"（pictorial turn），相对于语言文本，人们对于事物的接受和交流更加倾向于具有更强视觉冲击力的图片和视觉媒介，这源于人脑的认知机制。根据詹姆斯·迪拉德（James P. Dillard）和犹金尼亚·派克（Eugenia Peck）对人脑认知机制的划分，认知机制存在启发性认知机制（heuristic processing）和系统性认知机制（systematic processing）两种类别。语言文本对应的是系统性认知机制，图像文本对应的是启发性认知机制，在人类大脑对信息处理的过程中，由于认知惰性原则，对于外部信息的刺激，人们总是会本能地选择简单快捷的启发性认知机制，也就是基于图片文本带来的信息刺激（刘涛，2011）。即便是语言文本，人类也会遵循语言在演化过程中的一个基本原则——经济原则，即使用最少量的语言来表达最大的信息量，来进行交流和信息传递。

视觉是人类的一种自然行为，运用视觉也是一种本能，优先于语言而存在。在意识形态的符号传播层面上，图像的视觉表达或许更加能够体现出意义呈现与话语构建的本源性质，也就是说，相比文本和言语，图像更具有本源性（陈红玉，2017）。基于人类大脑的认知懒惰性，不管从认知机制的选择还是从语言运用的经济原则看，视觉修辞作为一种显性媒介，势必在政治、文化、价值传播中占据愈发重要的位置。因为视觉修辞有其他媒介不可比拟的传播优势，是一种有效的价值传递工具和文化力量（陈红玉，2017）。修辞的终极目的是促进相互沟通、理解与合作。一旦合作通过诱导产生，就意味着存在各种可能性以及选择的多元性和开放性。作为文化遗产组成部分的各种传统文化表现形式，非物质文化遗产同时也包含了与传统文化表现形式相关的各种社会实践、观念表达、表现形式、知识、技能及相关的工具、实物、手工艺品和文化场所。从内容涵盖来看，非物质文化遗产更多的是视觉感官的呈现和展示，多采用手册、视频、图片等视觉媒介手段，在今天大众传播的时代，不能一味否定语言文本传播能力本身，弱化语言修辞，但相对于语言修辞，视觉修辞将优先运用在非物质文化遗产传播的过程中。

非物质文化遗产传承中保护是其中一个要素，最终是要让传统的经典文化在中国以及全世界进行广泛传播，得到共享和利用。修辞就是一种传播行为，而"视觉修辞就是一种以语言、图像、视频、音像等综合符号为媒介，以取得最佳视觉效果为目的的人类传播行为"（陈汝东，2011）。视觉修辞是一个跨学科研究。视觉修辞的核心命题是"图像如何以修辞的方式作用于观看者"，对象主要是视觉文本，也就是图像。视觉文本不仅包括图像形式，还包括语图结合的多模态文本（汪金汉，2020）。查理斯·希尔（Charles A. Hill）指出，任何图像都不可避免地试图传递某种劝服性的深层话语，从而实现一种新的劝服方式：视觉劝服（visual persuasion）（Charles，2004；Blair，2004）。综合联合国教科文组织的《保护非物质文化遗产公约》和《中华人民共和国非物质文化遗产法》对非物质文化遗产的定义，非物质文化遗产包括：传统口头文学以及作为其载体的语言；表演艺术；社会实践、仪式、节庆活动；有关自然界和宇宙的知识和实践；传统手工艺以及与传统文化表现形式相关的实物和场所。从定义来看，语言仅仅是表现形式之一，其余的表现形式更加趋向于实物、展示、文化现场等，具有较强的空间感和视觉冲击力。

视觉修辞依赖于具体的修辞情景（rhetorical situation），表现为不同的实践形式与过程。早期的视觉修辞是以广告文本为主要研究对象，后来逐渐延伸到一切具有视像特征的物质形态（刘涛，2018），如博物馆、庆典仪式、纪念堂等具有视觉感知属性的物质符号，便诞生了视觉修辞研究的"实物修辞"（material rhetoric）（Foss，1987）。视觉修辞的文本对象大概分为三种基本视觉形式。第一是再现性视觉对象，包括绘画、广告电影等主体"观看"实践的视觉形态；第二是体验性视觉对象，包括空间文本、博物馆、纪念堂等"体验"实践的视觉形态；第三是过程性视觉对象，包括行为艺术、庆典仪式等"参与"实践的视觉形态。从非物质文化遗产的分类和范围来看，视觉修辞的参与是必不可少的（刘涛，2018）。传统的记事、表意和叙事，通过物象或者图像作为媒介来实现视觉"修辞"手段，形成可视符号进行远距离和错位传播，是民俗中最具"艺术"精神的文化遗产。非物质文化遗产民俗现场以"物"为信，约定俗成地表达视觉词汇，从而形成固化的认知习惯和符号化系统（邓启耀，2015）。

　　非物质文化遗产有大量的视觉载体，并以不同的方式传递着信息和改变着人们的认知。改变人们认知的过程也就是视觉修辞进行"劝服""沟通"和"交流"的过程。当视觉载体被放在不同的视觉位置的时候，往往呈现出不同的修辞活力。同一个视觉载体，放在县级博物馆、省级博物馆或国家级博物馆，其修辞意蕴是完全不同的。因此，视觉修辞强调的是传播的实践性品格，是一种功能取向，展现出来的是一种力，使观看者收到其传递出来的讯息，从而实现劝服、认同或沉浸的修辞目的（李红，2018）。同样，同一个视觉载体，赋予不同的视觉修辞，传递的意义和张力（tension）截然不同。张力往往是具有倾向性的，能够让静态的东西"活"起来，赋予新的含义。以打击乐器、吹奏乐器等合奏形式为主的传统音乐之一鼓吹乐是非物质文化遗产代表性项目名录传统音乐类项目，是民俗活动中婚丧嫁娶或节日庆典常用的一种音乐表演形式。唢呐是鼓吹乐种中的主奏乐器。唢呐作为一个视觉载体可以表示音乐、吹奏、演奏技艺等。如果在唢呐前端系上大红色的绸缎花朵，视觉修辞的意义就会显现出来，喜庆、欢乐、庆典、歌舞、结婚等"红活儿"的心灵引向得到凸显。如果再配上唢呐人喜笑颜开的表情，欢快的氛围就成功营造出来，修辞效果就得以成功实现。如果，把系在唢呐前端的大红色绸缎花朵换成白色，悲伤、哀痛、丧葬等"白活儿"的既视感会被整体感知，并与观看者形成互动，并且植根于文化心理深处的一些视觉景象会被不自觉地调动出来，如：思乡、孝道、生老病死、怀念等。

　　从格式塔心理学角度来看，任何图像或是图形都并不是对客体的一个真实性描写，而是感知力在进行各种组织或构建的结构，是"心理场"和客观"环境场"相互作用的结果。当人们看到图片或者图形的时候，会在客观图形的基础之上，介入自己过往的认知、情感、文化、知识等因素，在客观数据和主观认知相互交叉作用下得到对图形或者图片的解读和理解。在视觉修辞中，框架（frame）具有更广泛的含义，不仅包含了艺术构图的概念，也是一种认知限制和社会权利，指图像符号系统通过选择所指场景的一些方面而忽略另一些方面来表征整体的认知和交际过程。从交际功能来看，编码者决定了什么样信息能够进入解码者的视野并以如何的方式作用于解码者的诠释（甘莅豪，2020）。也就是说，当一个解码者对视觉场景进行解读的时候，他会挑选信息并进行认知处理。按此道理，当一个解码者进行信息解读的时候，会倾向于自己的认知偏好进行挑选，进而巩固该认知模式，直至下一次挑选，循环反复，不断加强和强化这种认知模式，形成循环。在进行非物质文化遗产展示和信息传递的时候，需要合理运用视觉修辞，刺激解码者视觉乃至调动听觉、触觉、嗅觉和味觉，结合"五感"准确凸显非物质文化遗产的内涵，尽可能避免解码者在解码过程中因为认知偏好自动过滤非物质文化遗产的核心精神和主要文化内涵，最大程度实现视觉修辞的劝服功能，进行信息传递。在没有语言文字参与的非物质文化遗产宣传图片中，参观者便有了更大的想象空间，自己的喜好、记忆、擅长点参与其中并进行解码。非物质文化遗产想要更加立体、完整、全面地把该项非物质文化遗产的精神进行传递，视觉修辞方式显得尤为重要。

非物质文化遗产是以非物质形式存在，突出的是非物质的属性，强调的是以人为核心的技艺、经验和精神，强调不依赖于物质形态而存在的品质。皮影戏，收录在我国第一批国家级非物质文化遗产名录中，是人类非物质文化遗产代表作名录之一。在介绍皮影戏的网页中，图片更多地用于展现皮影、皮影道具和皮影戏操作。然而皮影戏操耍技巧和唱功才是皮影戏班水平高低的关键。操耍和演唱都是经师父心传口授和长期勤学苦练而成的。皮影的高超雕琢技艺也能体现见皮影戏传承人热爱皮影、苦于钻研的精神，而这些信息在视觉上并未得到很好传递。如果能够把皮影传承人从接触皮影、热衷皮影、奉献于皮影等通过时间轴，从黑发到白发，从青年、中年到老年等的视觉方式呈现出来，那么关于皮影的视觉修辞就不会仅限于各种精美的皮影样式，传递的将会是传承人一生对非物质文化遗产的付出和一个非物质文化传承人对非物质文化的珍视。即使是观看者对视觉场景进行了选择性观看，传承人的传承精神也会通过视觉修辞完美呈现，并对观看者进行认知"劝服"。此外，在非物质文化遗产进行陈列展示时，在陈列方式上或是技艺呈现中，过多简化原本复杂的东西，其视觉修辞让参观者得到的信息就是这个工艺并不复杂，那么非物质文化遗产传承人注入的心血和精力就被轻描淡写了。有力的视觉修辞可以使观看者产生及时感，从而有效激发观看者的情感（薛婷婷，毛浩然，2017）。

非物质文化遗产传统的主要宣传方式是通过语言，随着社会数字化的快速发展，非物质文化遗产的呈现方式大多是一系列的视觉符号，如图片、实物、文化空间、现场展示等。视觉符号具有超强的话语生产和再造能力，通过视觉框架（visual frame）对信息进行视觉上的还原，并得到重构。视觉框架实质上是一种认知框架，是经由视觉化的观念、方式和途径建构的一种认知框架，是一种符号化的视觉认知系统，强调借助视觉方式来限定符号思维的意义方向、重设符号意义的生成语境、搭建符号元素的勾连关系，目的是对特定话语的视觉化构建、展示和争夺（刘涛，2016）。精准传递非物质文化遗产的精髓，就需要基于意义构建和重建层面对展示数据进行选择和重组，从而生成一定的数据关系，准确传递意义。

被中华人民共和国国务院列入第一批国家级非物质文化遗产名录的七夕节，因"牛郎织女"的美丽爱情传说而成为象征爱情的节日，被认为是中国最具浪漫色彩的传统节日，被认为是"中国情人节"。但七夕节的文化内涵远不止爱情。七夕节又叫"乞巧节"或"女儿节"，包括了对自然天象的崇拜、时间数字"七"的崇拜、乞巧祈福等，活动包括拜魁星、晒书晒衣、观星、斗巧等。因此，对于非物质文化遗产的宣传和弘扬，无论是文字文本还是图片文本，都要保证准确性。

第四章 非物质文化遗产的翻译

第一节 非物质文化遗产的对外翻译

翻译是一种语言实践活动，是诸多语言活动中的之一，它是用一种语言形式把另一种语言形式里的内容、意义重新表现出来的语言实践活动。作为文化交流中的一项重要内容，翻译已经伴随人类走过了漫长的历程。翻译分口头翻译（口译）与笔头翻译（笔译）两种。翻译可以在不同国家的不同语言之间进行，也可以在同一国家的不同民族或不同区域的语言之间进行。翻译是一门艺术，是语言艺术的再创作。一篇译文要经过许多次修改、反复斟酌才能够定稿并且达到较高的水准。如果把写作比作自由舞蹈，翻译就是戴着手铐脚镣跳舞，而且还要跳得优美。从这个意义上来讲，翻译并不比创作容易，有时甚至更难。难度越大，其艺术性也就越高。翻译是一门永无止境的艺术。

汉英两种语言在文化背景和语法结构上存在着很大的差异。在翻译的过程中，完全按照原文的句式和字典的意思来进行翻译，是行不通的，因此，必须根据具体的上下文进行灵活处理。在翻译过程中注意译文的多样性也是十分重要的，用各种不同的语言表达形式，把意思相近或相同的句子、词组、成语翻译得生动活泼，这就是翻译中的多样性。在非物质文化英译过程中主要有三大难点，第一是民族特色鲜明的非物质文化遗产名称翻译；第二是文化专有项的翻译；第三是汉语意合到英语形合的转换（陈芳蓉，2011）。

针对以上难点，译者在翻译中需要充分认识英汉语言的差异，选择不同的翻译方法和策略，既保留中国非物质文化遗产的独有特色和文化魅力，又顾及译文读者的认知能力和文化背景，达到最佳的传播、交流和沟通的目的。

翻译本质上是一种跨语言、跨文化的信息传播活动，任何翻译行为都不可能脱离文化和语言，所以了解语言背后的文化对翻译尤为重要。在进行翻译的时候，首先要充分考虑文化的差异，跨越文化的鸿沟，其次是要熟悉目的语的习惯风俗，避免出现信息错误传递的情况。对外翻译对一个国家和地区的经济、文化发展至关重要。把中国的非物质化遗产推向世界，让世界更加了解中国的文化瑰宝，做好对外宣传和翻译是至关重要和有意义的。中英双语之间的差异某种程度上演变成了中国非物质文化遗产走向世界、提升国际影响力的障碍。基于此，需要以翻译为媒介，构建中国非物质文化遗产名称翻译体系，从而更好地讲好中国故事、传播中国故事、让中国故事走出去、让中国文化走出去。中国的非物质文化遗产走向国际化进程是经济全球化发展的一个必然结果。对外宣传（外宣）翻译是翻译的一种特殊形式，目的是在全球化背景下，让世界更加了解中国。外宣翻译是以汉语为信息源，以汉语为源语言，英语等其他语言为目的语，各种媒介为渠道，以外国和外籍人士为对象的一种活动。外宣翻译担负的责任之一是传播中国文化、树立中国良好国际形象、促进人类文明的相互交流和共同发展。对外翻译的内容包罗万象，随着中国对外交流活动的增加，我国对外翻译也面临着前所未有的机遇。同时也对外宣翻译工作者提出了更高的要求，黄友义曾指出，外宣翻译是一种门面工作，如果出现错误与缺陷就会被某种程度地放大，外宣翻译是一个国家对外交流水平和人文环境建设的具体体现。当然，这就对外宣翻译工作者提出了更高的要求。

第二节 非物质文化遗产对外翻译现状

一、非物质文化遗产译介现状

我国自 2006 年以来，在大力推动非物质文化遗产的申报工作过程中，非物质文化遗产保护与传承得到了越来越多的重视,越来越多的国人参与到非物质文化遗产的保护和弘扬中来,但非物质文化遗产的对外宣传却相对薄弱,效果有待进一步提高。搜索中国知网的数据,从 2009 年到 2022 年,以"非物质文化遗产翻译"为主题的论文有 180 篇,其中核心刊物文章 12 篇,以"非物质文化遗产翻译"为篇名的论文 15 篇。以"非物质文化遗产翻译"为关键词,得到文献 317 篇,其中,发表于核心刊物的 30 篇。文章主题大致分为三类,第一类主要是对不同地区或区域的非物质文化遗产翻译进行研究,第二类是从不同视角,比如生态平衡、目的论、跨文化、文本类型理论、传播学、译介学、基于语料库、翻译伦理、功能语境、译者主体性等视角对非物质文化遗产进行研究,第三类是对非物质文化遗产某一个专项的翻译开展研究。

曾衍文(2018)分析了 2007~2016 年中国期刊中涉及非物质文化遗产翻译的相关文章数据,主要从六个方面,包括文章种类的分布、文章的发表时间、针对的非物质文化遗产地域、翻译视角的依托、翻译策略的选取、翻译实证的研究分析和统计数据。随着"一带一路"倡议的提出,也伴随着国家、地区、个体间的文化传播逐渐频繁,非物质文化遗产的翻译成为研究焦点。从非物质文化遗产翻译研究地域分布数据分析来看,各个地区对本土民俗文化的英译外宣研究的关注度不够,投入的研究时间和精力也不足。当然,随着非物质文化遗产英译研究工作的深入,翻译内容也逐渐得到了细致化,并且从多角度,如从生态翻译学、传播学、顺应论、译介学、图式理论等视角开展了非物质文化遗产英译研究。

基于以上数据,笔者查询了知网 2017~2022 年关于非物质文化遗产翻译的相关信息(2022 年 5 月 6 日数据)。以"非物质文化遗产翻译"为主题,得到检索结果 138 条,其中,载于核心刊 6 篇;以"非物质文化遗产翻译"为关键词,得到数据 228 条,其中核心刊 15 篇;以"非物质文化遗产"为关键词并含"翻译",得到检索结果 257 条,其中载于核心刊 16 篇。对比前面的数据,近五年来非物质文化遗产翻译的论文和相关文献呈大幅度增长,充分表明非物质文化遗产的对外宣传和翻译受到重视和关注。

笔者查看中国非物质文化遗产网,也就是中国非物质文化遗产数字博物馆，网站页面上没有英文版，只有大量关于非物质文化遗产的中文版各类信息。其中，在"资源"下的"展览"中，有一个"皮影数字博物馆"（Digital Museum of Shadow），该网站对皮影戏的介绍堪称典范。暂不提内容的全面和详尽，仅看数字博物馆的语言版本，就感叹网站创办者的用心之处。网站的介绍一共有9种语言版本，包括中文、英文、法语、德语、俄语、西班牙语、葡萄牙语、日语、韩语。网页上所有内容用以上9种语言都有相应的介绍。再看网站内容，从皮影戏的艺术特色、起源发展、皮影功能、地方特点、皮影民俗、皮影制作、皮影表演、馆藏珍品、皮影延展、研究中心到网站说明，内容丰富详尽。

要想使我国的非物质文化遗产走出国门，那么就需要将其翻译成不同国家的语言，并且要适应不同国家的理解习惯和思维模式。从我国各个省份的非物质文化遗产的网页宣传来看，非物质文化遗产数据库对非物质文化遗产本身有较为详尽的介绍，但是网站上并没有英文模块，也没有英文版的数据库或者是网页。部分网页上面有一些简单的英文介绍，但都不太全面，英文翻译质量也不高，经常在翻译过程中出现措辞不当、传递意思不准确的情况，甚至还出现一些低级错误，比如拼写错误、语法错误、用词不规范等，或是经过翻译之后的非物质文化遗产的内容失去了原有的意味。在一些非物质文化遗产剧目中，英文版剧目的名称用上了中文的书名号。还有一些非物质文化遗产相关的英文介绍仅限于一些名词术语，一些英文介绍的网页还在建设之中，有些非物质文化遗产的英文介绍尚处于空白。有的英文版本中存在明显的错译情况和机器翻译的痕迹，这些都有损中国非物质文化遗产对外传播和形象。

从市面上流通的出版物来看，关于非物质文化遗产的中译文对照比较正规和有代表性的版物是由中国非物质文化遗产编写组编写的《中国的非物质文化遗产（英文版）》和《非物质文化遗产在中国（英文版）》、浙江人民出版社出版的《中国口头和非物质文化遗产丛书》中英文对照丛书系列。影像方面有九州音像出版社出版的《中国非物质文化遗产100集大型电视纪录片》。其他的非官方相关宣传视频大都是中文介绍，英文的较少，即使有英文的关于非物质文化遗产的对外宣传介绍，也是泛泛而谈，提及非物质文化遗产的重要性、分类、传承和发扬等，关于某一项具体的非物质文化遗产的英文介绍寥寥无几。

在非物质文化遗产对外宣传的过程中，除了非物质文化遗产项目本身的外宣介绍外，还应该包括申请非物质文化遗产所需要提交的表格、资料和相关材料。然而，这个内容确实很少被提及和研究，没有受到研究者充分的关注（许敏，王军平，2016）。非物质文化遗产对外翻译存在问题的另一个原因是缺乏非物质文化遗产对外宣传活动的组织和领导，其结果就是非物质文化遗产的对外翻译在规模、规范、内容、准确性、统一性方面都得不到保证。非物质文化遗产对外翻译的译者翻译水平参差不齐，有的对非物质文化遗产并不了解，仅仅是从表面上或者字面上去理解非物质文化遗产的内涵，对于一些文化含义并不清楚，仅仅停留在语言层面的直译，甚至出现漏译、错译的情况，使非物质文化遗产的对外翻译质量得不到保障。一些非物质文化遗产的术语没有统一、一致，或者一个非物质文化遗产有诸多版本的介绍，这也使非物质文化遗产的外宣质量成为问题。此外，非物质文化遗产对外翻译仅仅被看作一个独立的翻译活动，与其他的产业缺乏互动和良好结合，这就会导致非物质文化遗产传播力度不够，传播效果不佳。

在非物质文化遗产外宣翻译存在的问题中，目标受众感兴趣和需求的核心信息不突显也是一个明显的问题（胡庆洪、文军，2016）。在一些非物质文化遗产公开出版的中英文对照宣传资料中，大多数中文介绍文本长度要大于其英文版的介绍文本。在翻译过程中，译者采用了摘译的翻译方法，然后，在摘译的过程中却漏掉了很多目标受众感兴趣的内容和信息，大大降低了传播效果，丢掉了目标受众关注的核心信息，没有达到传播的预期目标。

通过笔者走访调查一些非物质文化遗产博物馆、展览厅、展示长廊、个人收藏展示间和文化空间等，一些非物质文化遗产英文介绍中信息缺失严重，除了部分单词拼写错误之外，一些关于非物质文化遗产的术语不规范、不准确，甚至有些还有一些歧义存在。部分句式表述不清，存在明显的机器翻译的痕迹，有些翻译句子表达不符合英文的表达习惯，是"中式英语"。这都严重影响了非物质文化遗产对外宣传的效果，也不利于我国的非物质文化遗产走向世界，在全世界范围内得到传播和弘扬。这些造成英译问题的原因是多方面的。翻译者的英译水平不高、译者对非物质文化遗产的内涵了解不深入、对某一项非物质文化遗产的特点不清楚、译者的翻译方法不恰当等都会造成翻译译文质量不尽如人意。此外，对外宣传机构对译员没有进行严格把关，或对英文译文的质量不够重视，在翻译过程中没有很好地进行监督、检查和审查，造成了低质量的非物质文化遗产对外输出。

基于 Now Corpus 国际新闻语料库中非物质文化遗产的相关报道进行数据统计和分析表明，近年来世界各国越来越重视非物质文化遗产的国际传播。非物质文化遗产的国际新闻报道评述自 2010 年以来整体处于增长趋势，2015 年下半年开始呈现几何式增长的态势（高昂之，2019）。中国非物质文化遗产的国际传播前景是非常广阔的，但是中国非物质文化遗产国际传播的现状与全球非物质文化遗产数量第一大国的地位并不相符。目前，中国的非物质文化遗产国际传播主要存在三个问题，首先，中国文化有着悠久的历史，非物质文化遗产经历了岁月的沉淀，不仅名称上表述特别，文化底蕴也异常深厚，这给英译工作造成了比较大的困难，在一定程度上降低了非物质文化遗产传播的效果。其次，中国非物质文化遗产国际传播的主题比较分散，集中度偏低。最后，西方媒体对部分中国非物质文化遗产还存在偏见，一些负面报道对中国非物质文化遗产的国际形象造成了消极的影响。

中国非物质文化遗产在入选世界遗产名录的过程中，源文本框架的构成会受到权利、意识形态等因素的制约。非物质文化遗产源文本的形成过程是一个选择和放弃的过程，是一个构建意义和表述意义的过程（陆志国，2017）。在这个过程中，部分内容会以凸显的方式反复提及，一些意义就固定了下来，逐渐产生一个相对完整的意义体系；一些内容可能会被排除在话语之外，最终从意义体系消失。当源语文本，比如非物质文化遗产的汉语简介，以不同的叙事框架呈现的时候，其相应的或者是相关的英文文本肯定存在差异。在非物质文化遗产的介绍文本中，诸多不同的版本并存，内容虽大同小异，但是会让读者对非物质文化遗产的认识和理解存在一定的偏差，也同时会影响非物质文化遗产的流传和推广。一些非物质文化遗产的中文介绍信息量、文化背景和可读性都略显不足，造成了英文译文可读性不高,降低了读者的信任度和接受度。

总的来说,非物质文化遗产因为其文化的独特性,翻译工作难度是极高的,是当前我国非物质文化遗产翻译工作中所面临的一个非常重要的难题。非物质文化遗产的英译亟须提高质量,需要提高非物质文化遗产翻译研究的针对性,细化非物质文化遗产翻译研究的对象并且增加非物质文化遗产翻译研究的实证研究。如果一个失真的翻译版本在世界范围内推广开来,我国的非物质文化遗产的定位、传播必然会产生一定程度的偏差。非物质文化遗产英译研究应缩小研究范围,首先以本土非物质文化遗产实证研究为主,提高非物质文化遗产英译研究的实用性,助力非物质文化遗产的对外传播和保护传承。

二、非物质文化遗产译者现状

译者在进行翻译之前,必须具备一定的自身条件。第一就是较好的汉语功底;第二个就是英语语言能力要强;第三就是知识面要广,译者的知识面宽窄很大程度上决定了翻译质量的高低和速度的快慢。在我国非物质文化遗产走出去的过程中,翻译承担着重要的任务。而译者则是整个翻译活动的主体。对译者进行结构和数据分析是中国非物质文化遗产走出去中重要的环节之一,但这个环节常常被忽略。根据国别,译者可分为国内译者和国外译者,但大多数让中国非物质文化遗产走出去的译者都是国内译者,国外译者相对较少。从翻译的模式来看,大概可分为个人独立翻译、合作翻译以及机构翻译。目前非物质文化遗产对外译介的翻译以个人翻译为主,这些人包括热衷于非物质文化遗产保护的一些学者、翻译家、翻译爱好者、高校教师等,他们都是以独立个体的身份承担着我国非物质文化遗产对外宣传的重任。他们对非物质文化遗产了解的程度和深度有区别,同时翻译功底和翻译技巧的运用能力和理解不一样,因此译文也有不一样的传播效果。就合作翻译和机构翻译而言,大都以项目、课题、纪录片、宣传片为依托,通过政府机构、组织进行翻译。相比于个人翻译而言,合作翻译和机构翻译在质量上更能够得到保障。

我国非物质文化遗产走出国门进行的翻译活动大都是涉及汉译英,

然而，在国内，英译汉的译者远远多于汉译英的译者，从事非物质文化遗产翻译的译者相对较少。同时，很多语言学习者都认为英译汉更容易，汉译英难度相对较大，这也是非物质文化遗产外宣英译质量欠佳的原因之一。

前面提到，从事中国非物质文化翻译的，大都是国内译者，国外译者相对较少。这也不利于非物质文化遗产的对外传播和宣传。国内译者应和国外译者多沟通交流，多多合作，让更多的国外译者投身传播我国非物质文化遗产的保护和弘扬。

第三节 非物质文化遗产翻译中的跨学科研究

一、跨学科翻译研究

"跨学科"代表着翻译研究的新思路、新思想。翻译跨学科研究领域的研究成果，包括翻译学与语言学、阐释学、交际学、符号学、传播学、认知心理学、计算机科学、脑科学等诸多学科的交叉研究等。翻译学是一门综合性学科，需要借鉴其他学科的相关理论来研究翻译问题。随着科技的迅速发展，各种跨学科的翻译学研究层出不穷。翻译跨学科研究的第一步可以称为"学科内部的跨界翻译研究"，也可称之为"翻译研究不同学科之间的跨学科研究"，如翻译哲学、翻译安全学、社会翻译学、生态翻译学、伦理翻译学、语料库翻译学、翻译诗学等。通过借用其他学科的思想与概念，翻译研究学者能够探知其他翻译现象中的玄机。

翻译作为一项复杂多元的社会活动，涉及作者、原文、译者、译文、读者、赞助人、编辑、出版商等。翻译研究又是一项学术活动，具有多元性、复杂性和普遍性特征。国内翻译学的跨学科研究大致有三种模式（方梦之，2022）：第一是"自上而下"型，是从哲学高度去考察翻译现象，研究和探索翻译本质和价值，厘清对翻译的根本认识，通常是以中国传统哲学、伦理、美学思想为理论指导和特点，如翻译美学、翻译哲学、伦理翻译学、阐释翻译学等；第二是"自下而上"型，通过总结和归纳翻译实践经验，并使其概念化和范畴化，在实际经验中提炼、升华理论，如语言翻译学、口译学等；第三是"借鸡生蛋"型，借鉴相关学科的概念、范畴和理论框架，创立新的交叉学科，如因经济学而生翻译经济学，因地理学而生翻译地理学等。跨学科翻译研究强调学科间的融合、互动与合作，具有开创性、包容性和开放性。

二、非物质文化遗产外宣翻译中的跨学科研究

促进文化交流是翻译的功能之一，使人们通过译文了解其他民族文化。如果译者不了解语言中的社会文化，就无法真正掌握语言所传递的意义，也就做不成好的翻译。这就要求译者不仅要掌握两种语言，还要熟知两种文化，具有文化意识，才能达到传播文化的目的。译者要深入了解使用源语和目的语的历史、地理、哲学思想、宗教信仰、风俗习惯、思维方式、价值观念、政治经济、文学艺术等，需要增强自身的文化敏感性，避免文化内涵的误译或缺失。相比于大众文化，了解非物质文化遗产的群体相对小很多。在非物质文化遗产的翻译中，译者除了了解非物质文化遗产本身的各类文化信息，还需要多方拓展知识面。在进行非物质文化遗产翻译的时候会难免涉及不熟悉的文化事项，译者需要借助相关知识解决遇到的困难，而有时译者面对的知识是很复杂的，并且含有丰富的文化背景和底蕴，为此，译者要大量进行跨学科的研究。

第四节 非物质文化遗产的翻译策略

一、翻译的策略和方法

提及翻译，就会谈到翻译策略、翻译方法和翻译技巧。总的说来，翻译策略是宏观的原则和方案，翻译方法的运用则是某些翻译策略的具体体现，而翻译技巧是微观的操作。翻译策略（translation strategy）的分类依据是翻译活动的参与者，即原文作者、翻译活动发起人/委托人、译者以

及译文接受者。在翻译过程中，原文作者和译文接受者是翻译活动两级的参与者，译者针对原文作者和译文接受者的不同取向。熊兵（2014）把翻译策略定义为"为实现特定的翻译目的所依据的原则和所采纳的方案集合"。翻译方法（translation method）是基于一定的原则和方案为了达到某种目的而采取的途径、步骤和手段等。翻译技巧（translation technique）是翻译方法下的一个范畴，是翻译活动中，某种翻译方法在具体实施和运用时所需的一些技术、技能或技艺。

关于翻译策略，不同的学者有不同的意见和观点。一些学者把翻译过程中具体的操作方法比如：词性转换、语态转换、替代、词义的选择、词类转译法、增词法、重复法、省略法、分句合句法等一些方法技巧手段归为翻译方法，而把那些包含多种方法的术语，比如直译法、意译法、语义翻译法、交际翻译法、异化翻译法、归化翻译法统称为翻译的策略。基于熊兵（2014）的研究，在此把翻译策略、翻译方法和翻译技巧做一个简单的梳理。

翻译策略可以分为异化（foreignizing strategy/foreignization）和归化（domesticating strategy/domestication）。

异化翻译策略的本质属性是"原文作者取向"，也就是译者在翻译中尽量向原文作者靠拢，保留原文的语言、文学、文化风格、特色、特质等，保留异国特色，做到"尽量不要打扰原作者，而是把读者带向原作者"，把外国文本中出现的语言和文化差异完全表现出来，把译文读者送到外国去。异化翻译策略可以在目的语中引入源语的语言结构、表达方式、诗学特征和文化要素，丰富目的语的表达，促进目的语的发展，让目的语能够多方面吸取其他语言的优点和特色，让目的语更加具有活力和生命力。异化翻译策略的优点在于能够使目的语读者更充分欣赏和领略异域风貌，促进不同民族之间的文化交流，让目的语文化通过各种译文版本在丰富的文化交融碰撞中获得生命力并得到延续。异化翻译策略缺陷是译文可能会显得生硬，不够地道自然，毕竟这样的表达方式在某些时候是不符合目的语的语言习惯的，同时也会影响译文在目的语接受者中的接受和传播。

归化翻译策略是以"译者接受取向"，即译者在翻译过程中尽量向译文接受者靠拢。归化翻译策略以民族主义为中心，把翻译国的价值观归化到目的语国的文化中，即把原文作者请回家。用目的语读者喜闻乐见和易于接受的语言、文学、文化要素来替换源语的语言、文学、文化要素，恪守、在各方面都尽量符合目的语的语言、文学和文化规范，做到"尽量不要打扰读者，而是把原作者带向读者"。归化翻译策略的优势在于译文流畅地道、通俗易懂，容易被目的语接受者所接受，顺应、满足目的语读者某些特定的需求。使用归化翻译策略的缺点在于使原文的语言、文学、文化要素会一定程度丢失，并因此导致目的语接受者被剥夺欣赏异域语言、文学、文化的机会，这无益于目的语国家的语言、文学、文化的丰富和发展，对不同民族间的文化交流和共同发展不利。

基于以上对立的两种翻译策略，翻译界出现了两种意见，即归化论（adaptation）与异化论（alienation），前者主张以目的语或译文读者为归宿，后者认为应以源语或原文作者为归宿。

异化策略包含的翻译方法是零翻译、音译、直译、逐词翻译，其共同点是以原文作者为取向。归化策略包含的翻译方法是意译、仿译、改译、创译，其共同点是以译文接受者为取向的。

（一）异化策略下的翻译方法

零翻译（zero translation）是不进行任何翻译操作，直接把源语言的某些成分引入目的语中的翻译方法，通常是在两种语言在拼字法层面的差异或者是字母词或首字母缩略词的翻译时用到零翻译。

音译（transliteration）指把一种语言的文字符号用另一种语言中与它发音相同或相近的文字符号表示出来的方法。

逐字翻译（word-for-word translation）是指在翻译中不考虑两种语言在词法、句法及语义方面的差异，将原文语句一个词（字）一个词（字）地对译，而不进行任何改动。

直译（literal translation）是在词汇意义及修辞（如比喻）的处理上，不采用转义的手法。直译法在语言形式（即词汇、短语、句法结构）的处理上，允许适当的变化或转换（如语序转换），以使译文符合目的语词汇和句法规范，这一做法把"直译"和"逐词翻译"区分开来。

（二）归化策略下的翻译方法

意译（liberal/free translation）是在词汇意义及修辞的处理上，采用转义的手法，以便较为流畅、地道地再现原文的意义，可以再具体分为释义法和套译法。释义法（paraphrase）也就是解释法，利用这个翻译方法，译者对原文进行解释性翻译，但并不用目的语的惯用语来替换原文的词句。套译法（idiomatic translation）虽然也是一种解释，但这种解释是通过借用目的语的惯用语来替换原文词句进行的，与释义法有所不同。

仿译（imitation）指译者不拘泥于原文的意义细节，更不拘泥于其词汇和句法结构，而是"把原文作为一个参照模式"要么通过删减浓缩的减译方式只是译出其概义或要旨或关键信息（或只是选择性地译出其某些信息），要么通过增添扩充的方式译出比原文更多的信息。

改译（variation translation）指在真实场景的翻译中，有时为了达到某种特定目的（不同于原作者的）翻译目的，或为了满足目标语读者某种特定的需求，可能会用到改译的方法。改译与仿译的区别在于仿译译文的内容或主旨与原文相仿，而改译译文的内容或主旨与原文有异。

创译（recreation）指译者为达到某种特定的翻译目的（如满足译文接受者特定的需求），抛弃原文的意义和形式，创造性地对原文进行重新处理的翻译方法，是一种目的驱动（motive-driven）的翻译方法，是最为自由的翻译方法（译文与原文大相径庭）上与零翻译（译文与原文一模一样）分别处于翻译方法的两个极端。创译与改译的区别是改译的译文虽与原文有异，但整体上与原文仍有某些关联，而创译的译文在意义和形式上与原文几乎没有多少关联。

（三）翻译技巧

翻译技巧大致可分为增译、省译、分译、合译和转换。

增译（amplification）是指根据目的语词法、句法、语义、修辞或文体的需要，或因受制于目的语某些特定文化规范，在翻译中增添某些词、句或段落，以更好地表达原作思想内容，或更好地实现特定翻译目的。

省译（omission）是指根据目的语词法、句法、语义、修辞或文体的需要，或因受制于目的语的某些特定的文化规范，删减原文某些词、句或段落，以更简洁、顺畅地表达原作思想内容，或更好地实现特定的翻译目的。

分译（division）指把原文中的一个句子切分，译成两个或两个以上的句子。

合译（combination）是指翻译中将原文的两个或多个句子合并，译为一个句子。

转换（shift）是指把原文的语言单位或结构转化为目的语中具有类似属性、或对应属性、或异质属性的语言单位或结构的过程。转换的翻译技巧可以细分为 9 个类别，即拼字法层面的转换、语音/音韵层面的转换、词汇层面转换、句法层面的转换、词汇－句法转换、语义层面转换、语篇层面转换、语用层面转换和文化层面转换。

拼字法层面的转换。拼字法是指一种语言中的基本语言单位（如词、字）的拼写方式及其所呈现的拼写形式。在这一层面，两种余元在很多情况下是无法转换的。

语音/音韵层面的转换在诗歌翻译中较常见，主要涉及韵式转换及节奏转换。

词汇层面转换主要涉及词类转换。

句法层面的转换包括主动－被动转换、语序转换、形合意合转换和主语－话题转换。

词汇－句法转换类似于"层级转换"（level shift）。比如把原文的某个词或者短语转换成译文的句子。

语义层面转换包括具体－概略转换、肯定－否定转换和模糊－明晰转换。

英汉语篇在信息分布模式和语篇结构上有诸多区别，因此英汉翻译中需在语篇层面进行结构重组，以使译文符合目的语的语篇信息分布模式或语篇结构规范。

语用层面转换是在真实交际场景中，中英文使用者在交流中各自会受到不同的语用原则和用语规范的限制。因此翻译中需在语用层面进行适当的转换，以使译文符合目标语的用语规范。

文化层面转换是体现在跨越文化的差异和鸿沟。

二、非物质文化遗产外宣翻译原则

（一）"三贴近"原则

在外宣翻译的研究中，黄友义（2004）所提出的"三贴近"原则指出了外宣翻译要真实反映中国发展的实际情况，要使传播的信息满足外国受众的特定需求，要使传播的信息及文本惯例符合外国受众的思维方式和阅读习惯。这是对外宣传翻译中最需要注意的原则。外宣翻译一般来说具有很强的目的性。对外宣传翻译主要是和中国有关的各种信息从中文翻译成外文，通过图书、期刊、报纸、广播、电视、互联网等媒体以及国际会议对外发表和传播。黄忠廉（1999）指出外宣工作中，中译外还有一个突出的特点：通常要对外介绍的材料和内容是贴近中国实际发展状况的，从事外宣工作的翻译人员最应该注意的是要深度研究外国文化和目的语读者的心理思维模式，善于发现和分析中外文化的细微差异和特点。最好的外宣翻译是根据国外受众的思维习惯，对中文原文进行适当的加工，有时要删减，有时要增加背景内容。在外宣翻译时对原文进行适当的"译前处理"（黄忠廉，1999）也是非常关键的，这样才能够实现更好的外宣效果。这就要求译者在尊重原文主要信息、充分领会原文内容和精神的前提下，根据目的语受众的接受心理、习惯、思维方式、文化习俗等对原文进行语言本身方面的处理，包括风格、文体、篇章、措辞等。

在非物质文化遗产外宣翻译中，译者就要特别关注文化差异。第一，译者必须透彻清楚地进行译前准备工作，了解所要翻译的非物质文化遗产项的定义、特点、背景、文化内容等，要通过原文语境关联推理认知原作意图和意义，与原作者达成认知上的共识，真正贴近中国非物质文化遗产的文化内涵和意义。第二，在非物质文化遗产外宣传播的翻译过程中，译者要了解目的语受众的需求，译者在翻译过程中应将自己放在译文读者的位置上，根据译文的预期功能来决定自己的翻译策略，使译文既能连贯自如地传达原作内容又符合目的语表达规范和文化标准。当然,译文是通过什么方式进行非物质文化遗产的介绍和推广,受众是什么样的群体,外宣方式是动态、静态、还是多模态方式等,都会影响到译者对非物质文化遗产外宣翻译的处理,不管采用什么方法,都不应该忽略翻译目标受众在译者翻译过程中的决定作用,因为译文是针对某一特定读者群体的;第三,译者要使传播的信息及文本惯例符合外国受众的思维方式和阅读习惯,译者要通过译文将自己认知的原作意图及其相关信息与译文读者交流而形成交际。非物质文化遗产从一种文化到另一种文化,介绍性文本框架在凸显非物质文化遗产的价值观念、思维体系和话语权力的同时,要照顾目的语受众的思维方式、语言习惯、文化环境和阅读习惯,如果译文和目的与受众的接受程度有较大差距,传播效果也是不尽如人意的。

(二)目标受众优先原则

根据传播学理论,传播受众在接受传播主体传递的信息时,并不是被动接受,而是具有主观能动性。传播受众往往按照自己的兴趣和需求去寻找特定、满足自己需要的目的的信息,是信息的主动寻求者。传播受众的兴趣、性格、社交、生活方式、需求以及受教育程度往往会影响到受众对所传递信息的理解和接受。非物质文化遗产外宣翻译的信息如果与国外受众的兴趣、需求不相符,就会影响到国外受众对非物信息的认同,从而影响到非物质文化遗产外宣传播效果。除此之外,由于各国之间存在文化差异,目的语受众在思维方式、世界观、价值观等方面也不尽相同,对于同一种信息的理解、认知能力、接受程度也有所不同。对传播受众的研究是非物质文化遗产对外传播研究的重要内容之一,是影响传播效果的主要因素,因此译者进行非物质文化遗产外宣翻译时,应该充分考虑国外受众的接受偏好及需求。

(三)传播效果为先原则

外宣译文达成外宣效果是能让外国受众所接受,不会被受众排斥。使受众融入译文,主动积极地参与外宣效果的建构,达到情感的共鸣,接受和认同外宣译文所传递的信息。非物质文化遗产外宣翻译的主要目的是将传统非物质文化遗产传播到全世界，让更多外国人友人了解中国非物质文化遗产，从而提升中国非物质文化遗产在国际社会的影响力。传播学理论研究的核心内容是如何取得良好的传播效果，因此，非物质文化遗产的传播效果是非物质文化遗产外宣翻译需要考虑的首要任务。非物质文化遗产外宣翻译如果要获得良好的传播效果，得到外国受众的认同是译者所要关注的问题。影响传播效果的因素包括传播主体（who）、传播内容（what）、传播媒介（which channel）、传播受众（whom）。译者在进行外宣翻译时要充分考虑这些主要影响因素，保证译文能够得到国外受众最大程度的认可，从而获得良好的传播效果。

前面提到了翻译的两种策略：归化和异化。这两种翻译策略都是出于文化因素的考虑。归化策略强调译文对于读者的可接受性，异化策略是主张保留原文的内容、风格和原汁原味的文化，体现异域风情和特色。异化翻译策略源自美国译学理论家韦努蒂（Lawrence Venuti），他强调，翻译应该符合原文的风格，尊重原文的思想和内容，以此来防止目标语的语言文化占据主导地位而歪曲或忽略了原文内容。异化策略能够进一步促进文化间的交流和渗透，也是文化相互融合的一种体现。

在非物质文化遗产翻译研究中，吴敏（2016）基于比利时语用学家维索尔伦提出的"顺应论"，探讨了在顺应论视角下，非物质文化遗产的外宣翻译应该采用归化意译的策略，从而顺应目的语读者的社会、文化、心理、认同等因素，让读者更能够获得认同感。有的译者没有发挥主体性，在外宣传播时受到本土表达和思维习惯的干扰，造成译文对于目的语受众难以接受，因此，译者应该采用目的语受众乐于接受的方式进行外宣翻译和传播。

在非物质文化遗产外宣翻译中，更多的研究和学者倾向于异化策略。非物质文化遗产体现了文化多样性，传承、传播和弘扬非物质文化遗产的前提是承认、尊重和保护文化的多样性，最终促进各个民族的文化交融。每个民族的非物质文化遗产对于其他民族来说都是具有异质性的，非物质文化遗产的外宣英译需要保留这种异质性的文化和特色，并且努力让这种异质性的文化得到传播，这才真正符合世界文化多样性共存。如果选择放弃传递异质性文化的归化翻译策略，必定会消除客观存在的文化差异，使诸多宝贵的文化特色在照顾译文读者感受的前提下丢失，同时，文化的交流和延续也就就此中断，文化的传播效果大大降低，受众也就失去了了解其他民族非物质文化遗产的机会。

第五节　非物质文化遗产的图文间性及其翻译

在非物质文化遗产外宣的过程中，译者可以从图文间性和图文地位论的视角，分析图片和文本之间的关系，发挥主观能动性，使图片和文本间的缝隙得到弥补，从而使非物质文化遗产的意义传达更准确、更完善（覃海晶、王东，2019）。

关于图片和文字相结合的研究早在古代就开始了。从岩画图像的"语图一体"到"语图分体"，再到后来的"语图合体"，语言和图像之间的争斗持续不断。事实上，在人类文明发展的历史上，图片的出现远远早于文字，到后来文字出现，慢慢对图片的内容加以说明，再到后来图片成为文字表述的辅助工具，文字和图片一直是一对相辅相成的符号系统，就像是我们往往把书籍称为"图书"，有图有文字，这样的图书才能够更好地让读者理解和解读文字的内容，掌握书籍的精华所在。正如欧图尔（O'Toole，1994）讨论过的用功能语法中的"情态功能"对绘画所能表达的人际意义，绘画能够吸引读者对整个作品的注意力和想象力，并激发读者的情感和态度，增强作者对作品的理解力。非物质文化遗产外宣图文手册、画册或是书籍中，图片多为插图，也就是先有文字解释，再以图片进行辅助。插图不仅能够影响读者的理解、记忆、分析问题等的认知因素，也能够影响读者的情绪、情感、兴趣和注意力等非认知的因素。

有研究表明，与单一的文本相比较，插图对不同认知方式个体说明性文本阅读均产生积极影响，阅读成绩都显著提高，也就意味着阅读效果更佳，对阅读起到促进作用。不同的是，场独立的个体通过调整理解策略来提高阅读效果，时间上并未有明显的增加；而场依存的个体在阅读过程中付出更多的阅读时间来提升阅读效果，在阅读策略上没有进行任何调整（李寿欣、张德香、张建鹏，2014）。另有研究是关于认知方式和插图效应对大学生文本阅读的影响的。研究也同样表明，插图对阅读效果产生积极影响；在插图的作用下，场依存者对于社会科学文章的阅读效果好于场独立者的阅读效果；对于自然科学文章，不同认知方式并未对阅读效果带来显著差异（石祥祥、王元元，2013）。因此，在非物质文化遗产外宣的文本中，为了提高阅读效果，插图这种轻松愉悦、更为直观的呈现方式是必不可少的。

在讨论图文间性之前，首先要提及互文性。互文性（intertextuality），又称文本间性、文本互文关系或文本互涉，是法国文艺理论家、符号学家朱丽娅·克里斯蒂娃（Julia Kristeva）提出，并在俄国学者米哈伊尔·巴赫金的复调理论和对话理论基础之上丰富并发展而来的，指的是某一特定文本与其他类似的、或有相似特征的文本之间相互影响、相互映衬、相互联系、相互指涉等错综复杂的关联性。也就是说，一个文本的诞生，必然是作者在前人文本的基础上，通过模仿、加工、创新而产生的。互文性可以分为广义的"主动互文性"（active intertextuality）和狭义的"被动互文性"（passive intertextuality）（Hatin and Masion，1990）；也可以分为"外互文性"（extratextuality）和"内互文性"（intratextuality）（邵志洪，2010）。文本的互文也可有微观和宏观之分。文本的微观互文是指一个文本或作品与另一个或多个文本或作品在词句上有关联。而宏观互文是指一个文本或作品在一个文化空间的参与与多种语言或文化的表意实践的关系，以及与文本欲表现出的文化可能性与其他文本之间的关系（Culler，1981）。诺曼·费尔克劳（Norman Fairclough，1992）基于话语分析把互文性分为外显互文性（manifesto intertextuality）和成分互文性（constituent intertextuality）。前者指文本与其语篇表层特征之间的关系，如引用、陈词滥调、戏拟、用典和糅杂；后者不与具体的文本或语篇发生直接联系，其表现方式是隐性的，是指与过去和现在的文本的体裁、主题、类型和范式有关联。

图文间性与互文性有极大的相似之处：都是指两个文本之间相互关联、相互影响，从而对意义的理解和构建产生作用。图文间性既可以是双向的，即图文之间的相互作用关系；也可以是单向的，即文本作用于图，或图作用于文本。由此，图文之间的互文性可以分为微观和宏观两种。图文微观互文性表现在图片和文本之间具有极高的关联性，图片的内容充分展示了文本所要表达的意义，文本的描述也充分在图片中得到了体现；图文宏观互文性则可以理解为是图片和文本的内涵意义在更大范围的文化氛围和环境内所体现出的相互影响和关联性。

图文地位论是三种最具代表性的图文关系理论之一。法国著名的符号学家巴尔泰斯（Barthes）是其代表人物，他指出图文间有三种关系：锚定（anchorage）、说明（illustration）和接递（relay）（Barthes，1977）。锚定是指图片中的所指较多，需要用语言来进一步确定其意义的传递和表达；说明则是指图片对文字内容的进一步阐释和清晰化；接递是指图片和文字相互依存，使意义更加清晰明了。然而，图片和文本的意义和关联性并不是互补共存、共生互动的，图片和文本在更大范围内，也就是以上所提及的在宏观互文性方面可能是不对等、不对称的，存在缝隙和裂缝。这种裂缝和空隙的存在，反而会让图文之间的意义表达更加具有张力，同时使语言这种推理性符号和图片这种表象性符号之间的缝隙得到缓冲，有效地避免符号之间的界线消弭的同时，也避免了一种符号对另外一种符号的绝对强势（张玉勤，2013）。

要缩小和弥补图文之间的缝隙，除了在文本材料中插入多个图片多维度地进行诠释，增强插图对语言文本的负载意义外，还应该"主动拾掇起被图像遗漏的语言文本，补充图像表现，填充图像留下的空白"（张玉勤，2013）。在配有插图的非物质文化遗产对外宣传材料中的如何平衡图片和英文文字文本的关系就成为意义准确传达的关键。首先，非物质文化遗产属于文化意象（cultural image），可以分为物象（physical image）和寓意（connotation）两部分，物象是客观事物，是信息和意义的载体，也包含了主体对该文化意象的主观认知；寓意则是在特定语言文化环境中物象的引申意义。插图如果是物象的呈现，那图文间的关联性就较为密切，可以看作图文地位论中的说明关系；如果插图更多是表现非物质文化遗产的寓意，那就更加趋向于是图文地位论中的锚定关系，语言将对图片的内容进行进一步的说明和阐释。

以下是对非物质文化遗产外宣文本在配有不同插图后的意义传达效果分析。

算盘是中国传统的计算工具，是中国人长期使用算筹的基础上发明的，迄今已有600多年的历史。现存的算盘形状不一、材质各异。一般的算盘多为木制（或塑料制品），算盘由矩形木框内排列一串串等数目的算珠组成，中有一道横梁把珠统分为上下两部分，算珠内贯直柱，俗称"档"，一般为9档、11档或15档。档中横以梁，梁上2珠（财会用为1珠），每珠代表5；梁下5珠（财会用为4珠），每珠代表1。随着算盘的使用，人们总结出许多计算口诀，使计算的速度更快。这种用算盘计算的方法，叫珠算。珠算有对应四则运算的相应法则，统称珠算法则。用时，可依口诀，上下拨动算珠，进行加减乘除的计算。使用算盘和珠算，除了运算方便以外，还有锻炼思维能力的作用，因为打算盘需要脑、眼、手的密切配合，是锻炼大脑的一种好方法。

译文

The abacus, a traditional Chinese calculating tool, is a significant invention of ancient China. The abacus has a history of more than 600 years. There are many different forms of abacus, and the materials vary as well. Generally, they are made of wood or plastic, with a rectangular frame and an array of equal number of counting beads. A horizontal bar in the middle divides the abacus into upper and lower sections with straight pillars through the middle of the beads. Each rod containing the beads is commonly called a "dang". Abacus may have nine, eleven, or fifteen rods. There are two beads above the horizontal bridge; each bead represents the number five. Below the bridge on each rod are five beads abacus used in finance has four beads below the bridge, each bead representing the number one. With continued use of the abacus, people summarized many computations as mnemonic devices, greatly increasing the speed of calculations. This method of calculation is called "zhusuan", corresponding to four mathematical operations, collectively known as the laws of "zhusuan". When employed, the mnemonic devices determine which way to move the beads to perform the four basic rules of arithmetic (addition, subtraction, multiplication and division). In using the abacus to calculate, not only is it convenient to use for math, but it also develops hand and eye coordination and is an exercise for the brain.

第四章　非物质文化遗产的翻译

　　以上关于算盘的介绍，中英文几乎是一一对应的，内容涉及算盘的来历、材质、结构、使用方法以及社会用途。图1很好地呈现了算盘的结构和构造，并且配有相关的英文标注，能够使读者更加清楚地认识算盘这种计算工具。图2是一个图像复合体（image complex），也就是两张或者两张以上的图片重叠地放在一起，形成一个整体的符号现象。图2中，算盘放在了较为凸显的位置上，凸显度（salience）较高，体现了其在图片中的中心地位，呈现出算盘这一物象以及使用方法；后面的金币和金块则表现了算盘与金钱、财务、财政、经济息息相关，表现出了算盘这一物象背后的寓意所在。同时，金色也对读者的视觉产生了一种冲击力，让人联想到黄金白银、家财万贯。图2既向读者呈现了算盘的外延意义（denotative meaning），也同时表达了算盘的内涵意义（connotative meaning），如金钱、财富等。相比于图1而言，图2更加丰富、更加立体化地展现了算盘这一非物质文化遗产的含义。同时，鉴于图2所呈现的内容，算盘的结构就相对弱化，这也就是图2和文本之间所存在的一个差别。对于国外读者而言，过于详细、专业的算盘结构介绍（文中画线部分）反而会增加读者的阅读负担，不仅会让读者在阅读过程中感到有理解障碍，同时也在一定程度上降低了信息价值（information value）。如果译文配以图1，关于算盘结构的介绍就应当省译，对语义夸张和重复成分进行精减，使译文流畅明确。

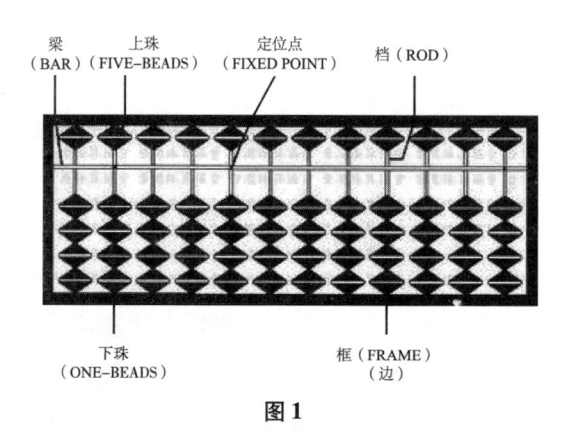

图1

图 2

从前面提到的图文关系来看，图 1 和文本应属于说明关系，也就是直观的图片进一步使文字的描述更加清晰明了。图 2 和文本则是锚定关系。图 2 中所出现的内容相对较多，存在多个能指，仅仅靠单一图片的呈现并不足以向读者凸显重点，而这时，文字的进一步描述就能够使内容重点更加突出。在进行翻译活动的时候，如果配图 1，也就是有较为详细的关于实物的呈现的前提下，译者可以对实物的结构以及构造进行较为详细的翻译。如果配图 2，由于图片除了展现实物本身，还附加有与实物相关的文化背景、寓意以及内容延伸，那么，译者就可以发挥自己的主观能动性，对所译内容进行选择，更多地把重点放在非物质文化遗产的"无形性"上面，着重译出蕴藏在非物质文化遗产物象背后的文化意义。

第六节　非物质文化遗产翻译中的生态翻译

生态翻译学（eco-translatology）基于生态学的"整体主义"，把源语言、源语境、源文化、原文、译文、作者、译者、目标语读者、目标语文化、目标语语境等要素构成一个平衡的翻译生态环境，强调了翻译中各个因素相互作用的整体性，结合生态学中"适者生存""和谐共生"的基本原理，依据中国古代哲学"天人合一"的生态智慧，提出了"适应性选择"和"选择性适应"的翻译理论。生态翻译讲究翻译各个环节、各大因素、翻译过程的"生态平衡"，力求达到"整合适应选择度"最高的最佳状态。

第四章 非物质文化遗产的翻译

生态翻译学中的重要翻译伦理之一是"多元共生"原则，它与生态学理论中保护生态平衡与生物物种的多样性有着共通之处。此处的"多元共生"是指不同译本的共生（symbiotic），尤指翻译理论研究的多元化和不同译本的共生共存的翻译学发展常态（胡庚申，2011）。动态传承是非物质文化遗产的延续手段。在世代相传的过程中，发挥主动动作的人是决定性因素。传承人的人生阅历、受教育程度、居住环境都对其传承的非物质文化遗产产生重要影响力，当然，这诸多因素也影响着传承人如何传承这笔文化遗产。传承人的创新意识也许会让文化遗产具有更为宏大的文化影响，同时，也会有传承人为了更好地保持文化遗产应有的原始面貌而拒绝任何改变。这与生态翻译中的"译者中心"具有极高的相似度。外宣翻译中的译者就像是非物质文化遗产的传承人，是关系非物质文化遗产如何传承、如何发扬、如何传播到世界各地的决定性因素。译者对非物质文化遗产的理解、了解、内涵的把握以及各种模态及媒介传播形式在译文中的作用都对外宣译文的意义构建有着重要的影响力。因而，译者应多方面把握模态、媒介以及模态之间的互动等因素在意义构建中的作用，从而使外宣文本达到最佳的生态平衡。

生态翻译学中另一个重要的理论就是"译者中心"，主要是彰显译者在翻译过程中的"主导"作用，指作为译者，首先要"适应"翻译生态环境，同时又要根据现有的翻译生态环境对译文进行"选择"（胡庚申，2004）。在非物质文化遗产外宣材料的英译过程中，译者也同样面临"适应性选择"和"选择性适应"。译者首先要适应非物质文化遗产外宣翻译生态环境，即推广和传播中国传统文化是主要目的，汉语的全世界推广，西方国家读者对含有大量中国英语译文的包容性。外宣翻译的生态环境决定了译者一定要从传承和推广中国非物质文化遗产的角度出发，发挥在翻译过程中的能动性。

译者在非物质文化遗产外宣翻译英译的过程中，应当彰显鲜明的文化立场，这也称为"心理认同"，指对自己民族的文化价值观和信念系统有信心（王宏印，2004），充分发挥译者的主体性，大胆采用异化、零翻译、直译、音译或直译加音译等策略，这些策略的使用不仅能够把中国非物质文化遗产最大程度地推广到全世界，同时，对全世界的文化交流和文化多样性起到巨大的推动作用。这是译者适应非物质文化遗产外宣材料翻译生态环境的重要体现。

在非物质文化遗产外宣翻译中必然会涉及文化专有项和特定的文化负载词，译者必须适度地发挥主观能动性来进行取舍从而达到翻译的生态平衡。对于文化中的某些无对应项以及词汇空缺可以酌情采用模糊翻译。模糊翻译是一种积极主动的翻译策略，能够最大程度调动译者的积极性，发挥译者的能动作用并调动一切可以利用的资源，如自身的知识、翻译技巧、翻译理论、翻译文本自身的文字信息、图片等来辅助翻译（吴书芳，2007）。非物质文化遗产中有大量的艺术和文化呈现形式仅仅通过文字是难以传递的，因此，翻译环境决定了译者首先要适应非物质文化遗产外宣英译材料的文化特殊性，在处理有关信息时要积极调动自身能动，选择适当的模糊翻译策略来处理文化特殊成分，在翻译过程中充分体现"译者中心"。

译者在关注译语读者接受度的同时，更加要"关注源语作者的文化自我，保存源语词汇的文化特色，保持语言生态系统的多样性和开放性"（朱月娥，2010）。非物质文化要走向国际，术语应当统一和规范，这在外宣翻译中给译者提出了要求。术语国际化包括两层含义：一层是"术语输出"，另一层是"术语一致"（李宇明，2007）。用统一、规范、无歧义的文化术语扩大汉语文化的影响力。这种文化术语的国际输入也可以被称作为是一种文化上的"中度干扰"。翻译的中度干扰可以促进文化的多样性，维护世界文化生态系统的平衡（朱月娥，2013），这很大程度上取决于译者主体性的发挥。过度的干扰和一味地发挥译者的主观能动性必定会破坏非物质文化遗产外宣英译的生态平衡。

翻译生态环境（translational eco-environment）是生态翻译学的九大研究焦点和理论视角之一，指原文、源语和译语所构成的世界，即语言、交际、文化、社会，以及作者、读者、委托者等互联互动的整体，它既是制约译者最佳适应和优化选择的多种因素的集合，又是译者多维度适应与适应性选择的前提和依据（胡庚申，2011）。

非物质文化遗产外宣英译是对外文化的输出和出口，实质在于对中国优秀文化的世界推广。但事实是不断涌入西方世界的中国文化在传播途径和传播方式方法有很大的修改和上升空间（关熔珍，2008）。印度籍文化批评家斯皮瓦克运用自己创新的翻译主张成功地向西方译介非西方的作品，指出翻译应该完全帖服于原文，让西方译者能够彻底领悟到各个民族间的差异，认识到世界文化的多元性和异质性，用异质文化的独有魅力吸引西方读者（Spivak，2001）。相信中国非物质文化遗产外宣英译材料同样可以让西方读者感受独特文化魅力，这就要求外宣材料要尽可能地保留中国特色，贴近原文特色和风格，不要一味满足读者需要而大规模地归化，从而使得中国非物质文化的对外传播失真。近年来汉语热现象也使得中文在全世界范围内更加有地位，大大提高了非物质文化遗产外宣英译中的源语在外宣材料中音译的可能性。中国的非物质文化遗产能够通过大量普遍接受的中国英语（Chinese English）更好地走向世界，其独有性和唯一性让西方读者对具有异化特质的译文更加具有好奇心和包容性。

关于文化翻译如何保持生态平衡以及其生态理据，诸多学者也做了相关研究，如彼得·纽马克（Peter Newmark）、戴维·卡坦（David Katan）、米歇尔·克罗尼恩（Cronin Michael）等。其中，戴维·卡坦指出翻译中的生态环境还包括物理环境、空间、所构建的环境、食品、嗅觉、临时场景等（Katan，1999），这里的物理环境、食品、嗅觉、临时场景也就和话语的多模态不谋而合。语言早就不是人类交流的唯一途径，听觉也不是人类获取信息的唯一来源，视觉模态、触觉模态、嗅觉模态、味觉模态等多模态话语（multimodal discourse）将会使人类的信息交流和认知构建更加全面和立体化。非物质文化遗产的文化特殊性注定将利用多渠道、多模态的信息交流方式最大程度缩小异域文化之间的差异，当然，多模态话语在非物质文化遗产外宣翻译材料中的使用才能够使翻译生态环境更加趋于健康平衡状态（healthy balance）。

生态翻译学采用的是一种从整体上去把握翻译过程的翻译方法，强调各个因素的"综观整合"，当然，在所有因素中，译者的主观能动性是绝对不能够忽视的，译者要根据不同的文本类型、文本功能、翻译目的、预期目标读者来决定翻译策略和方法来获得最能够实现译文预期功能的译文文本。译者在翻译时要充分发挥自己的主观能动性，积极分析和"适应"

原文文本，再从语言维度、文化维度和交际维度来对译文进行"选择"，达到译文真正的"译有所为"，传播我国的文化遗产。

第七节　非物质文化遗产翻译中的译者意向性操纵

19世纪的奥地利哲学家与心理学家布伦塔诺（Franz Brentano）是最早从现代心灵哲学意义对"意向性"进行研究的学者，他把"意向性"定义为心理现象的一种特征，从而与"物理现象"得以区分。意向性（intentionality）是心智哲学所研究的范畴，是指"心灵的一种特征，通过这种特征，心理状态指向，或者关于、论及、涉及、针对世界上的情况"（塞尔，2006）。它比意向（intention）更抽象、更专门。意向是指人们为实施某一行为而抱有的意图倾向，是一种较为具体的做出导向和有所期待的心智活动；而意向性是对人们能够进行这样的心智活动的过程、特点做出的抽象概括，表现人们形成、表达和辨识意向的能力（徐盛桓，2006）。意向性分为意向内容和意向态度，意向态度又包括心理状态图、心理估量和心理取向（肖坤学，2012：105）。意向性并不能够独立发挥作用，而是一种需要有一定的背景能力（background capacities）才能起效的心智能力（mental capacity）。这种"背景"（background）既可以是所有文化共用共享的，也可以是各自相同的。"背景"会提供一系列条件和前提来驱动不同形式的意向性发挥作用。换而言之，就是"背景"中的各个因素刺激并激活意向性的发生。具体到翻译活动中，译者意向性背景包括译者的知识结构、价值标准及生活经验等（屠国元、李文竞，2012）。从某种程度上说，翻译是一种再创作的过程。这个翻译创作活动应理解为译者意识的意向性向外部世界投射和构建的过程，通过这种投射和构建，被译者的经验和想象改造并重新组织的世界才能显现出来。同样，让翻译作品被创作出来之后，译文读者的阅读过程也是一种意识的意向性投射和再构造活动。翻译创作活动的结果，也就是译作，作为纯意向性客体和阅读对象，必须经过译文读者将它具体化和现实化，它的信息传递和文化传播效果和价值才能显现出来。这一过程同时又是译文读者的阅读经验和创造力显现的过程。

第四章 非物质文化遗产的翻译

翻译过程涉及作者、译者和读者。显然，翻译活动中存在三种意向性，即原文作者作为创作主体的意向性、译者作为具体翻译活动主体的意向性、译文读者作为译作接受和评价主体的意向性。在翻译过程中，译者作为翻译活动的主心骨，其意向性在背景下进行外探活动，也就是对原文和译文读者信息进行获取和接受，然后通过内摄活动，把作者和读者的信息与自身意向性相结合形成内在意向性（屠国元、李文竞，2012）。译者意向性则会受到三方面的制约和约束，即：原文创作主体对译者意向性的影响，译者自身意向性背景的影响和译文读者的"集体意向性"制约（周晓梅，2007）。译者的翻译过程就是对各种意向性选择适应的过程。

文化本身以传播的方式形成，同时又以传播的方式维持和传承，也就是说传播是文化的基本属性，文化在传播中存在、运动和发展。此外，传播的过程和效果创造和改变着文化的面貌。非物质文化的传播分为两个维度，即纵向传承和横向传播。纵向传承是指在时间轴上的延续，也主要指在国内对传统文化的继承。横向传播是指中国向国外传播文化，扩大其独有文化的影响力，提升知名度。非物质文化遗产的横向对外宣传是其走向国际、跨出国门的重要方式，然而，非物质文化遗产外宣文本的有效性大大影响着非物质文化的弘扬和保护。

非物质文化的定义为：各族人民世代相承的、与群众生活密切相关的各种传统文化表现形式（如民俗活动、表演艺术、传统知识和技能，以及与之相关的器具、实物、手工制品等）和文化空间。从定义不难看出，非物质文化遗产与民族、传统、民俗等具有强烈民族特色和标示的文化事项紧密联系在一起。从功能翻译理论的视角来看，翻译是文化层面的转换，是原作者、翻译发起人、译者和读者之间的互动交际。而这种互动不是仅限于语言层面的"符码转换"过程（transcoding process），而是一种更高层面的文化转换活动（贾文波，2007）。然而，文化成分的处理是在翻译过程中最棘手也是最具有挑战性和吸引力的部分。大量事实表明，外宣翻译中的大多数语言和文字的修改和调整更多的是文本外诸多因素的直接介入和操纵的结果（胡芳毅、贾文波，2010）。

下面来看一段关于中国书法的一段文字介绍。

中国书法非常讲究用笔。用笔包含四个方面，即笔力、笔法、笔意、笔势。笔力就是笔画的力量感以及用笔的力度、力道；笔法指的是用笔的方式与法度；笔意指点画的情趣意义，它能够表现出人的精神状态、面貌，甚至是态度；笔势指线条的势态、流畅性、运动感，以及与其他笔画相呼应、顾盼和走向的连接。书法传统是把"永字八法"作为楷书用笔的基本法则。"永字八法"指的也就是"永"字的八个笔画，每一个笔画都是事物特点的形象化，与鸟飞、勒马、挽弓、踢脚、策马、梳发、啄食等相联系，无一不显出动势。

译文

Chinese calligraphy emphasizes brush techniques. This art consists of four parts: the vigor of the strokes, brush movement, the intended concept and the momentum of writing. The brushstroke is the force of the writing. The brush movement refers to the controlling of the brush. The intended concept suggests sentiment as implied, revealing the inner spirit. The momentum of the writing is the tendency and the kinetics of the line. Traditional calligraphy makes use of the character "永" to show the eight distinct types of strokes in regular script. The Yongzi Eight Ways refers to the eight different strokes of the Chinese character "永", each stroke representing a kind of action. The strokes are affiliated with a movement, such as a bird flying, reining in a horse, drawing a bow, kicking, whipping a horse, combing the hair, pecking for food and the other common movements as well.

首先来分析作者作为创作主体的意向性体现。意向性可以分为言传意向性和意会意向性两种（周晓梅，2007）。原文作者在进行文本创作的过程中，可以通过言传意向性明确向译者和原作读者表明自己的观点、态度、思想、情感和意图，具有显性特征。而意会意向性则是隐性的、不确定的，常常具有召唤结构，给阅读者留有想象空间和发挥余地，这就需要译者和原作读者准确把握。以上关于书法的介绍中，原文作者通过细腻的文字描述表现其内心的意向性。从中文介绍中可以看出原文作者采用极具中国特色的语言表达，使用了大量抽象概念的字眼，如笔势、笔意、法度、势态、动势等。文本首先介绍了中国书法的用笔及其内涵，充分体现了"信息型"(informative)文本的特征,也就是前面提到的作者的言传意向性。当提到"永"字的八个笔画时,作者用到了鸟飞、勒马、挽弓、踢脚、策马、梳发、啄食等形象化的字眼等,这些动态词汇的描述给读者留有相当大的想象空间,这充分体现了原作者的"召唤"(vocative)意向,即作者的意会意向性,通过各种书法术语的使用,给人以无限遐想,充分激发读者的想象力,让读者通过阅读有充分想象空间来理解中国书法的笔韵之美和唯美意境。从译文可以看出,译者领会到作者的意向性,并通过直译的方式把书写"永"时候的行笔神韵译出,用"flying""reining""drawing""kicking""whipping""combing"和"pecking"勾画出在书写书法时候的豪气和气势。

其次,从作为翻译主体的译者角度来看,其意向性是较为复杂的。因为译者既是原作的读者,又是译作的创造者。译者既要受限于原作作者的意向性,又要局限于自身的意向性。原作者的语言风格、审美情趣等对译者的翻译策略、翻译目的的选择造成了很大的影响。如前文所述,作者使用了较多抽象词汇,旨在把贯穿中国书法中人的精神传递出来。作者的这一目的在文本中得到充分的凸显。译者对原作文本稍做分析就能够体会到作者这一意向性。作为翻译活动中的主体,译者同时也受到了自身意向性的约束和制约,如译者的价值观念、思维方式和习惯、生活环境、意志、意识形态、情感等。在译文中,译者把第一个"用笔"译为"brush techniques",第二个就处理为"this art",由此可以看出,在译者心中,书法中的用笔不仅仅是一个技能,更多的是一门艺术。"笔力"在文中第一处译为"the vigor of strokes",第二处译为"brushstroke","vigor"表示活力,从译者用词来看,译者更想表达出书法用笔的不仅仅是力量的使用,而更多的是一种活力的体现。"笔意"译者处理为"the intended concept"和"sentiment as implied, revealing the inner spirit"。书法是一门极具个人色彩的艺术,每个人书写者都能够通过用笔技巧体现自己气质、学养、内心的情感、心情、意境和风格,此处的"intended concept"和"inner spirit"也充分体现出译者对书法也是相当有自己见解,选择了"concept"和"spirit"关于精神、心灵的词汇,极力想把中国书法中的人文精神体现在译文中并传递给译文读者,营造一种书法起笔、行笔、运笔和收笔时候的意境之美。从译文可以看出，译者的选词具有极其丰富的内涵（connotative meaning）和情感意义（affective meaning），旨在通过词汇体现中国书法千年历史积淀的文化底蕴。

最后，在翻译活动中，译者还要受到译作读者意向性的影响和约束。读者的意向性不再受到忽视，而成为译者在翻译和译作评价时候的重要参考（周晓梅，2007）。在翻译过程中，译文读者绝不是被动的角色，他们是积极参与翻译过程的能动者和行动者。他们不仅是译作的接受主体，还是原文作者和译者意向性的接受者，因此，译者在翻译过程中要对译文读者的认知水平、接受能力、社会文化背景、受教育程度、异质文化包容性以及"集体意向性"等因素给予充分的考虑。"集体意向性"是指在译语文化中人们对某一事物的共同认可、接受和希望得到的意向性（刘景钊，2005）。集体意向性有时候会左右译者的行为和选择，使其违背自我意向性而不得已改变原作者的意向性；有时候译者也会根据社会和精神需求而主动迎合集体意向性（王昌玲、张德让，2010）。从非物质文化遗产对外传播来看，其重要目的是让中国的非物质文化遗产走出国门、走向世界，对于文化的输出早有研究表明更加倾向于异化策略，保留异质文化魅力。非物质文化遗产的译文读者必定对异质文化具有更大的包容性和接受性，基于这一"集体意向性"，译者在翻译过程中就可以充分发挥自己的主体性，最大限度地保留非物质文化遗产的文化特质。在译文中，译者基于对译文读者"集体意向性"的推测和判断，果断采用了对"永"字的零翻译处理方式，并把每一笔画的书写都形象化地与鸟飞、勒马、挽弓等具体动作结合起来，虽然，译文读者在理解上并不一定很透彻，但满足了译文读者对中国书法这种中国非物质文化遗产的好奇心和想象力，也就体现出了译者顺从、满足译文读者的"集体意向性"，调整了自身以及原文作者的意向性。

下面再来看几个关于泉州提线木偶戏的外宣翻译实例。

◉例1◉

泉州提线木偶戏，俗称"嘉礼"，也叫"傀儡戏""窟垒子""魁梧子",数百年来已经形成了 700 余出传统剧目,是流行于闽南地区的古老珍稀戏种。

译文

Quanzhou puppet opera, which has preserved abundant traditional crafts and perfect performance skills, is a sort of drama widely performed in Quanzhou, Fujian province.

译者几乎是对整个文本进行了大幅度的改译。原文中提及木偶戏的古称"嘉礼""傀儡戏""窟垒子""魁榾子",可以看出原文作者对泉州提线木偶戏十分了解和熟悉,但这些古称即使是对中国人来说都并不是很熟悉,如果译者在翻译的时候将这些名称一一进行罗列,并无太大实际意义,相反会增加译文读者的阅读和理解负担。所以,译者选择了省译。这体现了译者对译文读者意向性的推测和判断。对于原文中"古老珍稀戏种""数百年形成""700余出"等信息,译者则选择了用"abundant""traditional""crafts"进行翻译。此外,译者增加了"perfect performance skills"这一信息,体现了译者把泉州提线木偶戏看作一种优秀的传统文化,并且突出了"表演"这一种文化形式,具有观赏性,同时,这种艺术形式还包含了表演者的诸多技能。译者所增加的这些信息更加全面地展现了泉州提线木偶戏的轮廓,让译文读者更加立体了解泉州提线木偶戏。这就充分体现了译者的意向性,包含了译者对泉州提线木偶戏的了解、认识以及相关经验。

◉**例 2**◉

泉州提线木偶戏是一种用傀儡或偶形扮演故事的特殊戏曲形式,又是在全国各类木偶戏中唯一拥有属于自己剧种音乐"傀儡调"的戏种。

译文

Quanzhou puppet opera is presented by exquisitely produced puppets which are controlled through threads and dubbed at the same time by actors hidden under the stage.

101

在原文中，作者用到了"特殊""唯一""属于自己"等字样，从描述中，可以看出作者一再强调泉州提线木偶戏的独特性、唯一性和特殊性，这就体现了作者明显的言传意向性。在译文中，译者用到了"exquisitely produced puppets which are controlled through threads"，补充说明了泉州提线木偶的制作相当精美，同时用了一个定语从句表明了木偶在剧中的表演方式。原文中提到"傀儡调"，对于没有听过"傀儡调"的人来说，这是一个非常空洞的概念，因为译者则选用了 dubbed 一词，旨在通过这个词的外延意义（denotative meaning）来表明伴随木偶剧目表演的同时还有背景音乐或背景台词的环节。

●例3●

泉州提线木偶的形象构造完整，制作精美，特别是木偶头部的雕琢别出心裁，轮廓清晰，线条分明，继承了唐宋时期雕刻和绘画风格，乃闻名中外的民间工艺珍品。

译文

With its extensive subjects, colorful contents, attractive plots and clearcut lines, Quanzhou puppet opera possesses its own unique style. Being excellent carved and color-enameled, the puppets are highly qualified handicraft articles too.

原文作者用到了"构造完整、制作精美、别出心裁、轮廓清晰、线条分明"来描述泉州提线木偶的精致，其意向性显而易见。译者选择了一种协调性的意译，旨在把提线木偶的吸引人之处用目的语表达出来，而某种程度上把对等性和对应性放在相对边缘化的位置。此外，对于唐宋的雕刻和绘画风格这一信息，译者则对译文读者做出了判断和推测，认为译文读者对唐宋的雕刻和绘画风格并不清楚，果断选择了省去该信息，而通过"excellent carved"表明木偶雕刻的工艺是相当精美和值得称赞的。

以上译文充分体现了译者在翻译过程中对原文作者意向性的领会、

作为译者意向性的发挥以及对译文读者意向性的推测和判断。译者重点突出核心信息和内容，在意向内容和意向态度上进行了取舍。在词汇的选择、内容的增减、信息的整合上都结合非物质文化遗产的特点进行了相应的处理，避免复杂多余的信息对读者造成阅读负担，降低传播效率和质量。

第五章　非物质文化遗产的分类翻译

第一节　音乐类非物质文化遗产的传播和翻译

一、音乐类非物质文化遗产及保护现状

音乐类非物质文化遗产具有特定的民族性。任何一个民族都拥有本民族的文化特点，包括语言、行为方式、生活习俗、特殊的礼仪节庆活动等。要在保护民族非物质文化遗产的同时尊重其民族的文化表达方式，在保护音乐类非物质文化遗产的同时更要体现每个民族文化艺术的民族性。同时，音乐类非物质文化遗产具有不确定性。音乐类非物质文化遗产不仅能表现出一个民族、一个地区历经一定时期形成的特有艺术文化传统，更具有世代传承的特殊性，在进行非物质文化遗产保护的同时，要意识到其音乐类非物质文化遗产传承的不确定性，尊重传承人的意见。音乐类非物质文化遗产，具有极其重要的文化价值和社会价值，近年来已成为学术界的重要关注对象，同时，作为中国传统文化的有机组成部分，是非物质文化遗产的重中之重，更是对各族人民民间音乐的传承。

大部分传统音乐类项目的生存状态主要存在以下几个问题。第一，演奏人员队伍日益老化，人员断层现象普遍存在，后继乏人；第二，传统音乐演出大多没有固定经费和固定演出场地作保障，长期处于自负盈亏状态；第三，传统音乐演出的社会化功能尚未完全开发，媒体宣传力度不

够，尚未全面引起社会公众的关注；第四，散落各地的落单民间艺人没有合理地组织起来，大部分曲目也因班子解散只剩曲谱，处于"冬眠"状态；第五，有些项目尚未全面保存音像资料，有失传的危险。

　　音乐类非物质文化遗产由于自身的特点，本身较少具有依赖物质形态承载的生产性与商品性，在传承和保护上与其他类别的非物质文化遗产相比，面临更多挑战。音乐类非物质文化遗产传承人的老龄化现象严重，面临后继无人的境地，一旦人亡艺绝，将会是我国非物质文化遗产无可弥补的损失。同时，因为音乐类非物质文化遗产的传承较难获得丰厚收入，致使中青年人缺少学习和继承的热情。即使有心学习和弘扬，也因为忙碌的工作和操劳的生活而不得不放弃，仅将此作为一种消遣，并未投入精力去传承和发扬。再者，音乐类非物质文化遗产和现代大部分青年人喜欢的流行音乐有较大区别，具有民间特色和非时尚性，青年人也就缺乏学习的兴趣。随着社会经济的发展，原本在生产、劳动、生活情形下创作的音乐类非物质文化遗产失去了自身的功能性，这就使传承下来的传统音乐文化出现了很多"变种"及"走样"现象，成了一种"形式传承"。环境的改变是音乐类非物质文化遗产濒危的重要原因之一。目前一些已申遗成功的传统音乐文化在传承发扬过程中并未将其精髓保存下来，而仅仅流于形式，人们所欣赏到的并非真正"原汁原味"的传统音乐文化。音乐类非物质文化遗产既包括录音、录像、乐谱等纸质和多媒体的有形文献，也包括演奏环境、情感体验、演奏风格等需要活态传承的无形文化体系，只有将二者作为一个文化体系完整地传承下来，才是对中国非物质文化遗产做到了真正的、全面的保护与传承。

　　随着传统音乐类非物质文化遗产数字化工作的开展，许多音乐资源更好地得以保存、传播。音乐艺术数字化保护工作在一些音乐演奏和乐曲的收录，曲谱的输入、识读等方面起到了重大的促进作用，为方便人们识谱、打谱和琴曲创作提供了很大便利。音乐类非物质文化遗产的数字化保护大大提升了保护效果和范围。在强调非物质文化遗产的民族性和民间性的同时，对于宫廷音乐、文人音乐和宗教音乐的非物质文化遗产重视还不够。一些音乐类非物质文化遗产与原始宗教，如巫术等一些迷信文化的内容相关联，成为保护的"禁区"。

二、音乐传播学

音乐传播学是当代一门具有独特性与前沿性的学科，是专门研究音乐文化体系中音乐传播的学科。音乐传播学是在音乐传播研究的基础上形成的，它起始于音乐的传播现实，展开于音乐传播内容、传播媒介与音乐受众及相关的社会、历史、文化、科技背景，最终指向对象的特征、特质、概念的相互关系以及相关规律，这就说明了人们在认识音乐传播现象、传播音乐文化的同时，正在开始理性地认识音乐传播。音乐传播现象，则是由音乐表演者、创作者、音乐受众、音乐传播媒介、音乐传播媒介操作者等有机组合的一个音乐传播体系及其运转的现象，在运转中实现了音乐的现实存在、功能和音乐的多种价值。音乐传播学以音乐传播媒介发展为轴心（零媒介→多种媒介），解析、透视、探究音乐传播体系及其运转，进一步发现音乐文化现象发展的本质和规律。同时，因为音乐传播现象是一个历史发展的现象，音乐传播体系也是一个历史发展的体系，音乐传播媒介更是一个历史发展的媒介，因此，基于历史发展观，我们必然要将较多的学术、技术领域纳入音乐传播学的视野，从而带来新的认识空间、新的思想启发并形成新的知识体系。

2006年6月和2008年6月国务院分两批公布了国家级非物质文化遗产名录，其中民间音乐文化类包括河曲民歌、蒙古族长调、蒙古族呼麦、当涂民歌、巢湖民歌、畲族民歌、弦子舞、锅庄舞、热巴舞、日喀则扎什伦布寺羌姆、苗族芦笙舞、苏州评弹、四川清音、山东大鼓、黎族竹木器乐、口弦音乐、川江号子、南溪号子、木洞山歌、川北薅草锣鼓、侗族大歌、永安大腔戏、四平戏、川剧、湘剧等546个民歌、歌舞、民间器乐、说唱音乐、戏曲音乐乐种。以上非物质文化遗产几乎涵盖了中国全部的民族民间音乐。把中国传统的民族民间音乐以"文化遗产"来定性，一则说明了它们久远的历史属性，二则说明了它们在当代文化潮流包围中所具有的珍稀的文化价值，三则说明了这些"非物质文化遗产"可能面临着消亡的命运。因此，文明的国家、文明的社会、文明的人都将保护文化遗产作为自身的神圣使命并体现其社会职责。在保护自然生态的同时，我们更要关注人类的精神生态的资源。在音乐传播研究的视野中,这些音乐类的非物质文化遗产蕴涵的历史传承价值、艺术审美价值、科学认识价值、社会文化价值集中体现在音乐风格、内容和形态的形成、发展与流变的过程之中。在中国几千年的农耕时代里,民间音乐、传统音乐的传播活动在非大众传媒条件下所用的媒介与载体,是记忆、唱本(词谱)和戏台。人们通过移民传播、宗教传播、商道传播、战争传播等渠道来实现这些媒介与载体的功能,并体现这些音乐形态的价值。然而,随着时空距离的增长,这些民间音乐、传统音乐的变异性繁衍,形成了一种最原始的艺术复制现象。原始的艺术复制现象,是音乐文化遗产中多种风格形成的基因。从大量非物质文化遗产中的音乐文化品种里,能看到音乐的现场表演传播、舞台表演传播给人类音乐文化播下了艺术繁衍的种子。

三、音乐类非物质文化遗产的翻译

音乐是无国界的,是属于全世界通用的语言,音乐可以成为连接世界人民的纽带。同时,乐曲也是有国界的,民族音乐的许多作品都是包含民族精神的,这种民族精神是需要通过交流、了解才能够被其他国家或者民族所吸收,所以也是有国界的。对于音乐类非物质文化遗产的翻译,旋律的风格和特点是可以进行文字描述的,但是涉及旋律本身的部分,文字翻译很难进行传递。所以,在音乐类非物质文化遗产的外宣过程中,更多的是通过视频、音频等多媒体方式进行展现和推广。

中国十大世界级音乐艺术类非物质文化遗产包括古琴艺术、新疆维吾尔木卡姆艺术、蒙古族长调民歌、赫哲族伊玛堪说唱艺术、麦西热甫、西安鼓乐、福建南音、蒙古族呼麦、花儿音乐和侗族大歌。

1996 年,西班牙翻译工作者哈维尔·佛朗哥·艾克西拉(Javier Franco Aixela)提出了"文化专有项(culture-specific items)"的概念。他对文化专有项的定义是"Those textually actualized items whose unction and connotations in a source text involve a translation problem in their transference to a target text, whenever this problem is a product of the nonexistent of the referred item or of its different intertextual status in the cultural system of the readers of the target text"。原文中的某些项目在译入语读者文化系统中没有对应项，或者译入语文化系统中对应项的文本地位与该项目不同，因此翻译时难以译入该项目在原文中的功能和含义。

音译法是指用译语的文字保留源语文字读音的方法。音译法是一种偏向于源语文化的翻译方法，有着悠久的历史，音译法本质上是一种异化翻译的手段，音译词大量存在于翻译文本中，许多词已经成为目的语的一部分。艾克西拉的转换拼写法意指在不同的语言中转换字母体系或译音。音译的一个重要特点就是陌生化，为了明确告诉读者音译词的存在，译者会有意避免使用常用词以免产生歧义。汉译英的音译词由于使用的拼音和英语的拼写大相径庭，译语读者一眼就能辨出与英语的不同。这样做的目的是利用陌生感，使译语读者与其文化隔绝，如果读者想要了解这个词的含义，他必须按照译者提供的线索去寻找。在这个寻找过程中，译者往往就把源语文化灌输给了读者，完成了信息的重新输入。

音译词的局限也是显而易见的。比如大量音译词的存在，增加了理解译文的难度；伴随音译词而来的解释或注释时时插入文中，影响了译文的流畅性，不免让普通读者失去耐心。很明显，过多的或不恰当的音译词会让译文过于陌生。译文"可读性"是获得大量读者的前提，而音译词在很多时候恰恰会破坏译文的可读性。译者通过音译词在译入语创造出了一个外壳，也就是一个在译入语里面仍然没有意义的语言形式。因而音译词并不能够起到文化传播的作用。译者通常采用在音译词后直接加解释性文字、文中加注或是利用上下文提示的方式，以输入源语文化信息。一旦源语文化信息在译入语被接受，音译词要么被译入语吸收，成为译入语的词汇，要么被抛弃，被更容易接受的译入语词汇替代。音译词的归化特征是对目的语吸入接纳源语文化信息过程一个反映，这表明，一个有着悠久历史的鲜活的语言，一方面有着包容性，另一方面按照自己的语法规范，结合生活实际，发展自身的旺盛生命力。译者对于音译词的取舍，则反映了异化翻译与归化翻译的统一性。

西安鼓乐

西安鼓乐是流传于西安（古长安）及周边地区的传统音乐，其源于唐代燕乐，之后又融入了宫廷音乐，安史之乱期间随宫廷乐师的流亡而流入民间。西安鼓乐曲目丰富、内容广泛、调式风格多异、曲式结构复杂庞大,演奏形式有坐乐、行乐,其中还包括有套曲、散曲、歌章、念词等。其中,坐乐是指室内音乐,坐乐分为城乡两种,城市坐乐编制约十二三人,有些地方吹奏乐器用到十几个或以上,打击乐器更多,演奏者多达几十人,造成震撼人心、摇动山岳的宏大音响。行乐在行进中演奏,伴以彩旗、令旗、社旗、万民伞、高照斗子等,以竹笛为主奏乐器,还有笙、管、高把鼓、单面鼓、大铙、小铙等乐器,演奏内容丰富多彩。行乐有时还配以歌词,内容与祈雨有关。西安鼓乐至今仍然保持着相当完整的曲目、谱式、结构、乐器及演奏形式,是世界非物质文化遗产之一。

译文

Xi'an Drum Music

Xi'an drum music is a kind of traditional music in Xi'an (ancient Chang'an) and surrounding regions. It originated from Yan music in Tang Dynasty, and then was integrated into court music. During the AnShi rebellion, it was introduced to the folk with the exile of court musicians. Xi'an drum music is rich in chapters, wide in contents, diverse in modes and styles, complex and huge in musical structure. Its performance forms include sitting music and walking music, which include Divertimento, Sanqu, musical chapters, speaking, etc. Among them, sitting music refers to indoor music, which can be divided into urban and rural areas. There are about twelve or thirteen people in urban sitting music. In some places, more than a dozen wind instruments are used, and more percussion instruments are used. There are as many as dozens of performers, creating a magnificent sound that shakes people's hearts and mountains. Walking music is played along with colorful flags, Lingqi, Sheqi, Wanmin umbrella, gaozhaodouzi, used bamboo flute as main instrument accompanying by Sheng, Guan, Gaoba drum, one-sided drum, Danao, xiaonao and other musical instruments. The performance content is rich and colorful. Walking music is accompanied by lyrics sometimes, which are related to praying for rain. Xi'an drum music is one of the intangible cultural heritages in the world, which still has an intact chapters, musical forms, structure, musical instruments and performance forms.

关于西安鼓乐的英文翻译有两个，一个是 Xi'an Drum Music，另一个是 Xi'an wind and percussion ensemble。

在以上这段译文中，出现了一些用词不当和一些语言不规范的问题。如：in Tang Dynasty，朝代前面应该用上定冠词 the；小铙这种乐器用的音译，xiaonao，但是，拼音第一个字母没有大写，不符合规范。文中"吹奏乐器"和"打击乐器"的译文是"wind instrument"和"percussion instruments"，虽然"吹奏乐器"一些词典上面的译法是"wind instrument"，个人觉得这个表达不太妥当，显然，吹奏的"吹"用 blow 一词更为合适，建议改成"blowing and percussion music"。在提及奏乐的时候，"造成震撼人心、摇荡山岳的宏大音响"英文翻译为"a magnificent sound that shakes people's hearts and mountains"，其中把"震撼人心"译为"shakes people's hearts"太直接生硬，过于直接，可以改用形容词"overwhelming"，表示气势压倒一切，势不可挡，显示出乐器弹奏出来的音乐强大有力，无法抗拒；再次，在原文中，提到了"套曲、散曲、歌章、念词""彩旗、令旗、社旗、万民伞、高照斗子""笙、管、高把鼓、单面鼓、大铙、小铙"，译文分别为"Divertimento, Sanqu, musical chapters, speaking""colorful flags, Lingqi, Sheqi, Wanmin umbrella, gaozhaodouzi"和"Sheng, Guan, Gaoba drum, one-sided drum, Danao, xiaonao"，在这几处中，都用到了音译，但是音译之后并没有进一步的解释，以上提及的这些诸多信息在一定程度上会增加阅读者的负担，影响阅读过程中的信息获取和阅读流畅性，相对于前两个列举，第三个相对信息更加清楚，因为在"Sheng, Guan, Gaoba drum, one-sided drum, Danao, xiaonao"的后面用到了"and other musical instruments"，这样的表述让阅读者能够由此推测出前面所提及的是一些乐器；文中"坐乐、行乐"采用了直译的方法，分别译为"sitting music and walking music"。直译是翻译中最理想的状态，如果文化概念都能依赖直译完成信息传递的任务，那翻译实践就不再是一个复杂的事情了。但是能够运用直译的毕竟是少数，两种文化在认识世界的方式等诸多方面存在的差异致使单纯的直译常常令读者产生文化困惑，有些概念有必要做进一步的意义解释。读者看了以上"坐乐、行乐"的译文，可能会很疑惑这到底是什么样一种音乐，如果展示或者是呈现，与坐和走又有什么关系，可能会满脑子的问号，更不可能得知并了解到它的风格和表演场所，更别提音乐的文化内涵的传递了。因此，为了确保信息的完整性和准确性，为了满足某些特定读者群体的认知需要，在直译的基础上进行加注和解释，使用注释这种解释与说明性文字作为直译或音译的补充是非常有必要的。注释针对的是某一民族所独有且有丰富文化内涵的概念，主要包括脚注、尾注及文内注。比如，坐乐：sitting music, a sort performing art inside a hall, in which performers follow a certain fixed musical pattern。

另外，原文中提到了"安史之乱"，译文"the AnShi rebellion"，在这一段介绍音乐的材料中，虽然原文中提及了"安史之乱"，但是这个信息对于一个关注音乐的人来说，可能并不是一个熟悉的信息，即使在译文中出现，也无太大实际意义，对于信息的传递不能够起到积极作用，反而使信息变得冗余复杂，不利于交流。当然，冗余信息是语言的客观属性，在汉英翻译实践中要充分考虑目标语读者的差异，例如受教育程度、语言理解能力、语言表达习惯和各自地域语言的差异，提高信息传递的效率和精确度，保证信息传递的成功。译者的主要任务之一是在充分理解源语信息的基础上，有效动态地调整源语信息中的冗余成分，同时与目的语中适当的表达相结合，使译文实现信息传递最近似的动态的自然等值。

信息论告诉我们，信息在信道（channel）传递不可避免地会受到噪声（noise）干扰。为了保证信息传递的准确无误，信息发送者在编码（encode）时需要对信息进行重复或累加，使信息接受者收到比实际需要多一些的信息，以帮助破解（decode）信息发送者所要传递的真正信息，从而顺利完成信息传递。这些多出来的信息便是冗余（redundancy）。冗余与信息量成反比，冗余越多，信息量（真正有用的信息）越少；冗余越少，信息量越大。在信息传递中保持适度的冗余是必要的，冗余过多或过少都会影响信息传递的准确性。语言交际之所以能够顺利进行，一个很重要的原因便是语言含有冗余成分，而且这种冗余成分在语内交际（intralingual communication）中总是适度的。在语内交际中，冗余成分可以帮助信息接受者（receiver）在受到外界干扰（噪声、有人打扰）时保持信道容量（channel capacity，理解接受能力）不变，准确理解信息发送者所要表达的意思。然而，在语际交际（interlingual communication）中，如果把一种语言中本属适度的冗余成分原封不动地搬到另外一种语言中，由于两种语言自身固有的一些差异，这些冗余成分往往不是过度便是不足，与另一种语言信息接受者的信道容量难以吻合，从而影响交际的顺利进行。翻译是一种语际交际，从信息论角度来看，翻译的任务之一便是适度调整变换源语中的冗余成分，使其适应目的语接受者的信道容量，保证信息的成功传递。

接下来了解一下贵州的侗族大歌。

侗族大歌的标准英文译名是 Kam Grand Choirs，通常也会译为 Grand song of the Dong ethnic group。

在"多彩贵州网"上一段时长为 50 秒的关于侗族大歌的视频介绍里，旁白讲述只有 10 秒，其余部分全部为侗族大歌展示，内容如下。

2021 年，贵州对外传播最受海外网友欢迎的热词为人类非物质文化遗产天籁之音——侗族大歌。

译文

In 2021, the most popular Guizhou's buzzwords for international communication among netizens abroad are as follows: The Grand Song of the Dong Ethnic Group, the sound of nature as the Intangible Cultural Heritage of Humanity.

下面是一个关于侗族大歌的中英文介绍。

"饭养身，歌养心"是侗家人常说的一句话。侗族从来没有自己的手写稿，直到 1958 年才有文字系统。在这之前，侗族文化、历史和故事都是以歌曲的形式记录下来的。侗族文化虽然经历了历史的起伏，但保存完好，并逐渐引起世界的关注。

侗族人在音乐中传承文化和知识的传统在侗族大歌（又称锦大唱诗班）中得到了体现，这是一种多声部、无指挥、无伴奏、自然和声的民间合唱形式。曲目包括一系列类型，如民谣、儿歌、问候歌和模拟歌曲，表演者需要拥有模仿动物声音的技巧。

大歌通常在鼓楼演出，鼓楼是侗族村落举行仪式、娱乐和会议的标志性场所，或者更自发地在家庭或公共场所演出。它们构成一部侗族百科全书，讲述人民的历史，颂扬人与自然的统一信仰，保存科学知识，抒发浪漫爱情情怀，弘扬尊老爱幼等道德价值观。在一定程度上传播了侗族的生活方式和智慧。

侗族大歌在20世纪80年代初被正式承认为中国少数民族的音乐传统，尽管规模远不如今天所知和表演的大合唱大。事实上，"盛大"这个词与盛大合唱团的简陋开端形成了鲜明的对比，该合唱团的第一次国际演出是在1986年巴黎中秋节由9名成员组成的合唱团进行的。

这项活动的成功是如此巨大——它席卷了法国，同时关于该团体成功的消息传遍了欧洲其他地方，以至于它把贵州的小型合唱团推到今天被称为大合唱团的位置。2009年，联合国教科文组织世界遗产委员会正式认定侗族大歌为世界非物质文化遗产。

译文

A popular saying among the Dong people in Guizhou Province in southern China has it that "Rice nourishes the body and songs nourish the soul". The Dong people have never had an autograph of its own, and did not have a writing system until 1958. Before that the Dong Culture, the history and stories were all recorded and handed down by means of songs. For this reason, the Dong culture, though having experienced ups and downs in history, has been well preserved and is gradually drawing attention from the world.

Their tradition of passing on culture and knowledge in music is exemplified in the Grand Song of the Dong ethnic group, also called Kam Grand Choir, multi-part singing performed without instrumental accompaniment or a music conductor. The repertoire includes arrange of genres such as ballads, children's songs, songs of greeting and imitative songs that test performers' virtuosity at mimicking the sounds of animals.

Grand Songs are performed formally in the drum-tower, the landmark venue for rituals, entertainment and meetings in a Dong village, or more spontaneously in homes or public places. They constitute a Dong encyclopedia, narrating the people's history, extolling their belief in the unity of humans and nature, preserving scientific knowledge, expressing feelings of romantic love, and promoting moral values such as respect for one's elders and neighbors. In some extent, it disseminates the lifestyle and wisdom of Dong ethnic group.

The Grand Song of the Dong Ethnic Minority was formally recognized as a national Chinese ethnic-minority musical tradition in the early 1980s, albeit, on a much less grand scale than the Grand Chorus is known and performed today. Indeed, the word "grand" would have been a jarring contrast to the humble beginnings of the Grand Chorus, whose first international performance was as a 9-member choral group that performed at the Paris Autumn Festival in 1986.

The success of the event was so overwhelming—it took France by storm, while rumors of the group's success spread across the rest of Europe—that it catapulted the small glee-club of Guizhou in to what is known today as the Grand Chorus. In 2009, the UNESCO World Heritage Commission formally recognized the Grand Song of the Dong Ethnic Minority as a World Intangible Cultural Heritage.

"饭养身，歌养心"是侗族人民在描述侗族大歌的时候常常说到的一句话。文中"饭养身，歌养心"的译文是"Rice nourishes the body and songs nourish the soul"，rice 一词是对原文中"饭"的直接处理，这里说的"饭"更多的是想要表达人们所食用的食物能够使人们的身体变得棒棒的，所以，这里的"饭"建议处理成为"food"。"养"字一词理解成为"滋养"译为"nourish"是非常好的。"多声部合唱"译文是"multi-part singing"，singing 一词不能很好体现合唱的意思，建议改为 multi-part chorus 更适合。原文中提到了大歌通常所表演的场所和地点，译文中没有把"通常"一词译出，这影响了译文的准确性，在翻译的时候应尽可能保证原文的意思准确无误地进行传递，否则就会影响信息的传递。因此，在译文中有必要加上"usually"，"in general"或是"generally"等词汇以准确表达原文意思。

以下是一段关于福建南音的中英文介绍。

福建南音

南音是中国最古老的音乐形式之一，它已经存在了1000余年，又称管弦乐或泉州南音。泉州是中国东南部位于福建省的一个发达城市。南音优美、柔和、流畅，由于这个原因，在古代，它成为人们表达思念家人的一种完美方式。南音以前通常是在宫廷、寺庙和影院演奏，现在老百姓也能欣赏到南音了。南音主要由中国传统乐器演奏，洞箫就是其中之一，它通常有60厘米长，有10个洞和9节，音色深沉而丰富。南音一直流传下来并从泉州传播到福建其他地区和台湾，甚至到东南亚和欧洲。

译文

Nanyin Music is one of the oldest music styles in China. It has existed for 1000 years. It is also known as string and pipe music or Quanzhou Nanyin Music. Quanzhou is a developed city in Southeast China's Fujian Province. Nanyin Music is beautiful, soft and smooth. For this reason, it became a perfect way for people to express their feelings of missing their families in ancient times. Nanyin Music was usually played in palaces, temples and theaters before. Now common people can enjoy the Nanyin Music. Nanyin Music is mainly performed using traditional Chinese musical instruments. Dong Xiao is one of them. It is usually 60 cm long and has ten holes and nine sections. The tone is quite deep and rich. Nanyin Music has been handed down through oral instruction and has spread from Quanzhou to other parts of Fujian and Taiwan, and even to Southeast Asia and Europe.

在译文中，有一些语法错误和表述不符合目的语表达习惯的句子。

原文：泉州是中国东南部位于福建省的一个发达城市。

译文：Quanzhou is a developed city in Southeast China's Fujian Province.

分析：译文 in Southeast China's Fujian Province 的表述不符合英文中对于地点的表述习惯，区域范围的表述应该是从小到大。译文可以用 located in 表示位于的地点，改译为 Quanzhou is a developed city located in Fujian Province, China.

原文：南音以前通常是在宫廷、寺庙和影院演奏。

译文：Nanyin Music was usually played in palaces, temples and theaters before.

分析：原文中有一个明显的表示时间的词"以前"，在英文中，用过

115

去式就可以充分体现时间标志，译文中的"before"是不符合目的语表达方式的表述，应该删除。

原文：南音主要由中国传统乐器演奏。

译文：Nanyin Music is mainly performed using traditional Chinese musical instruments.

分析：译文中 using 一词表示"使用"，想要表达演奏南音时所用到的乐器，这个词显得累赘，有很明显的中文式表达的痕迹。建议去掉，改译为：Nanyin is mainly performed by traditional Chinese musical instruments.

原文：音色深沉而丰富。

译文：The tone is quite deep and rich.

分析：原文中音色是指演奏南音的中国传统乐器之一——洞箫的音色，译文中用 tone 一词，tone 可以表达音色的意思，但更多的是语气、音调、调子、色调等，乐器的音色多使用 timbre 一词。

除了以上语法和表述上的欠妥之外，译文也有可圈可点之处。把"南音"译为"Nanyin Music"，这种译法让目标语读者明白"南音"是一种音乐形式，减轻了读者在后续阅读中的认知负担。

原文：南音一直流传下来并从泉州传播到福建其他地区和台湾，甚至到东南亚和欧洲。

译文：Nanyin Music has been handed down through oral instruction and has spread from Quanzhou to other parts of Fujian and Taiwan, and even to Southeast Asia and Europe.

分析：原文中讲到南音的传播区域，在译文中，除了在信息上传递了南音传播的区域，还提及了南音是通过口传身授的方式流传下来，这一信息体现了音乐类非物质文化遗产的传承方式，这一信息突出了音乐类非物质文化遗产传承人的重要性，以及非物质文化遗产以口传身授方式体现的传承性。音乐类非物质文化遗产大多是以口传身授的形式由老一辈人在认可的情况下教授。音乐类非物质文化遗产的传承不仅只是在表演艺术上，在老一辈人传承过程中更注重对其人格塑造、社会礼仪规范等多方面的教育。这种口传心授的方式更体现了音乐类非物质文化遗产传承的重要性。

第五章 非物质文化遗产的分类翻译

这一信息在译文中得到了充分的体现和展示。

以下是关于南音洞箫的中英文介绍。

南音洞箫为南音上四管主要乐器之一。洞箫也称为南箫。竖执，长度约56~59厘米，通常采用三种不同的竹材，均为福建泉州地区常见的竹子。洞箫的材料取自竹子的根部，制作方式十分严谨和规范，而根部必须有"十目九节"。这两种要求均需达标方能制成一支好的洞箫。洞箫口呈"V"字形，置于嘴唇下方吹气使之发出声音。洞箫共有六个按音孔，前五后一。随着时代的转变，乐器的构造和演奏形式也在不断进化中，但南音洞箫却基本保留着唐代尺八的形制及古朴的吹法。

译文

Nanyin Dongxiao is one of the primary musical instruments of the Nanyin ensemble known as the Shang Si Guan. It is also known as Nan Xiao and is a vertically held bamboo flute that is approximately 56 to 59 centimetres long. The Nanyin Dongxiao can be made from three types of bamboo. These bamboos are commonly found in Quan Zhou, Fu Jian. There are strict criterias for making a Nanyin Dongxiao. Firstly, it has to be made from the root of the bamboo. Next, it needs to consist of specifically 10 bamboo knots and 9 bamboo sections. Without meeting these criterias the piece of bamboo cannot make a Nanyin Dongxiao. The musician will place the instrument on his bottom lip, blowing air into the V shaped cut of the instrument to produce sound. There is a total of 6 performing holes, where the musicians lay their fingers on. Due to the ever changing world, there are now many types of Xiaos, that have changed their structures and playing styles. However, the Nanyin Dongxiao retains the traditional structure and playing styles from the Tang Dynasty.

译文中除了出现拼写错误"criterias"，并且出现了两次之外，其他处理都是较好的。南音洞箫和上四管都选择了音译法"Nanyin Dongxiao"和"Shang Si Guan"。对于原文第一句"南音洞箫为南音上四管主要乐器之一"，译文给出的信息除了提及南音洞箫是一种乐器之外，还补充了南音合奏形式所用到的乐器。"竖执"译为"is a vertically held"，紧随其后补充了一个bamboo flute，说明了洞箫和竹笛的相似之处，相对于洞箫，竹笛更为大家所熟知，这个补充使目的语阅读者更加清楚洞箫这种乐器。原文中说"洞箫共有六个按音孔，前五后一。"译文是"There is a total of 6 performing holes, where the musicians lay their fingers on."译文在补充信息的同时，也漏掉了一个信息。补充的信息是演奏者吹奏的时候把手指放在6个按音孔，但是没有说明这6个按音孔的位置，漏掉了"前五后一"这一信息。在原文最后部分，提到"南音洞箫基本保留着唐代尺八的形制及古朴的吹法"，文中"尺八"是古代中国的一种传统乐器，竹制，内涂朱砂拌大漆填充（地）外切口，现在为五孔（前四后一），属边棱振动气鸣吹管乐器，以管长一尺八寸而得名。这种乐器是一个比较陌生的东西，更别提"唐代尺八的形制"，这里，译者在处理的时候选择了省译，减轻了阅读负担。

在介绍福建南音的网页上，只有几句简单的英文介绍，内容通过大量关于福建南音的图片进行了展示，图片更加直观展示了南音所使用的乐器，能够带着阅读者直接获取信息。

英文介绍如下。

Photo shows a Nanyin performance in Quanzhou city in Southeast China's Fujian province. Known as the "living fossil" of ancient Chinese music, Nanyin is central to the culture of the people of Minnan. Literally meaning music of the south, this Nanyin performance was taking place as part of the 2nd Maritime Silk Road (Fuzhou) International Tourism Festival.

音乐是一种极具表现力的艺术。音乐作品，特别是器乐作品，是通过演奏展现其轮廓的。音乐打动人的，不仅是其主题、内容，还有旋律。当倾听音乐时，尽管有时候听不懂歌词，但却仍然会被打动，这是因为音乐的形式，包括旋律、节奏、节拍等能够与心灵产生共鸣。音乐的描绘性能够充分调动人们的视觉、听觉器官，常常给人栩栩如生和身临其境的感觉。因此，音乐的感染力和张力是其他表现形式不能取代和完全表达的。在音乐类非物质文化遗产的对外宣传过程中，首先提倡的是以音频、视频为主的形式进行再现，或是通过图片来展示中国传统乐曲，报纸、杂志、文本等媒介并不太适合用于音乐类非物质文化遗产的传播。以多模态形式的新媒体进行传播和宣传，这是最有效的展现方式。在某种程度上，音乐比语言文字更具有说服力和展现力。笔者在研究过程中，大量查阅了关于音乐类非物质文化遗产的相关介绍，更多是视频呈现，然后诸多视频呈现的音乐类非物质文化遗产中，都没有文本介绍或是旁白。笔者认为，从某种程度上说，当一个音乐类非物质文化遗产视频在进行音乐本身的呈现的时候，旁白会打扰观看者欣赏、理解、感受音乐类非物质文化遗产。当然，音乐类非物质文化遗产的文本介绍也是非常有必要的。在进行音乐类非物质文化遗产翻译的时候，译者首先要从音乐专业的角度去了解所要翻译的材料，从根本上去认识和理解音乐形式，这样才能够进行正确的翻译处理。一些译者自己都不清楚音乐形式，还断章取义，那译文可能根本就没有可读性。此外，在翻译音乐类非物质文化遗产的时候，译者除了字面上进行处理，更要关注和译出此类音乐给人带来的听觉感受，比如优美、悠长、高低起伏、锣鼓喧天等，甚至是此类音乐带给人们的情绪，这样才能够更加贴切传递音乐的风格。适当的增译是非常有必要的。阅读者如果能够通过阅读文本感受到音乐带来的震撼和音乐风格，这样的译文输出就是成功的。音乐类非物质文化遗产中涉及的中国传统乐器和音乐的名称，可采用音译的方式加以解释，让带有中国特色的传统音乐名称被更多的国际友人熟知。此外，将音乐类非物质文化遗产名称翻译成英文时，要关联中国特色与国际标准，使其英文译名既符合中国规定，又符合国际惯例。不仅如此，中国非物质文化遗产的英文译名也要按类别形成具有内在逻辑的体系，才能助力中国非物质文化遗产文化更好地"走出去"。

第二节　民间文学类非物质文化遗产的传播和翻译

民间文学是指民众在生活文化和生活世界里传承、传播、共享的口头传统和语言艺术，其特点是口头性、传承性、集体性、变异性。民间文学包括神话、史诗、民间传说、民间故事、民间歌谣、民间叙事诗、民间小戏、说唱、谚语、谜语、曲艺、仪式诵辞，也包括书面文献、经卷、唱本、戏文等。

为了更好地保护和让民间文学得以传承，很多民间文学都被列入了国家级非物质文化遗产名单。传统刘三姐歌谣、吴歌、济公传说、西湖传说、观音传说、满族民间故事、盘古神话、谚语等入选了中国非物质文化遗产的民间文学名单。据中国非物质文化遗产网，民间文学类国家级非物质文化遗产代表性项目有 155 项，共 230 个保护单位。其中既包含"白蛇传""梁祝"等大家耳熟能详的民间传说，也包含"格萨（斯）尔""苗族古歌"等流传范围较小的少数民族传统文学。民间文学大部分产生于农耕文明时期。在 21 世纪初设定中国非物质文化遗产名录时，民间文学被列为第一类。由于民间文学作品是民众自发的、自娱自乐的精神生活的结晶，基本不产生直接的经济效益，因此在非物质文化遗产保护中民间文学类非物质文化遗产的保护是难度最大的，近年来的非物质文化遗产保护实践也证明了这一点。就民间文学类非物质文化遗产保护来说，可能要设定三个层次：一是文字化、信息化，二是活态化，三是活化利用。

一、民间文学类非物质文化遗产保护现状

对民间文学类非物质文化遗产作品的搜集整理虽然已经成效显著，但仍存在一些不足。一是主要关注一些著名的作品，而对普通的作品较为忽视，因此搜集整理不够全面，遗漏较多；二是只关注把口述作品文字化，而忽略了其他方面，如讲述时的录音、录像因条件所限很少进行，对讲述人、演唱者的情况也很少介绍。在非物质文化遗产保护的大背景下，一些庙会、传统仪式、歌会陆续得以恢复，在一定程度上为民间文学作品提供了演述的场所，起到了良好的效果。

由于现代媒体和商业性的通俗文化——"快餐文化"的盛行，植根于中国漫长的农耕文明条件下的、以农民为创作主体和接受主体的民间文学受到了猛烈冲击，其传承者和受众群体出现了明显的断层，青年一代少有问津。学校课本中也多为唐诗宋词等精英文学，歌谣、民谣、童谣、民间故事等几乎绝迹，此外，民间文学一般多为社会传承，传承链较易断裂。有的根据当地的民间文学资源，在不同形式的表演改编中，一味追求可看性和收视率，将原本简单、纯洁的故事情节进行删改以符合所谓"当代人的审美观念"，存在着创新形式的过渡性。

民间文学艺术繁荣的地区年轻人口流失，民间文学难以得到传承，当前我国部分民间文学传承人年龄已经比较大，且其后代未必掌握民间文学，这导致我国民间文学艺术正面临着失传的境地。民间文化申报的过程中，部分地区出现了争抢民间文化发源地的现象，用商业手段打造所谓的名人效应，甚至鼓动民间文学传承人夸大文化传承和杜撰民间文学的现象，这无疑对保护和传承民间文学产生了负面影响。由于在商业目的的推动下，各地在申请民间文学保护的过程中更加倾向于神话、传说，这主要基于神话传说等非物质民间文化亟待通过名胜古迹、地方史实等实物形态的"物质"来表现，而这有利于打造专业的旅游区域文化品牌，提升民间文学对于当地经济的贡献。而这无疑也助推着工业文化的发展，加速了民间文学淡出人民日常生活的进程，导致民间文学如今更多地存在于专业学者的研究中，脱离了民间文学原本应该存在于人民生活中的形式。

二、民间文学类非物质文化遗产的活化传承

活态化，就是让民间文学类非物质文化遗产作品能够回到生活中去，活态传承是最理想的保护方式。要做到这一点，涉及的一个重要问题就是重塑"传承场"。民间文学作品的载体是口头语言，它们是在一定的场合中讲、唱的。经过了几千年的传承，各地都形成了基本固定的"传承场"，如庙会广场、歌场（如花儿会）、婚丧现场、劳作时的田间地头、广袤的水域、休闲时的桥头、晒场、弄堂等。这些"传承场"不仅是民间文学作品讲、唱的场所，也是故事家、歌手锻炼演述能力的地方，新的传承人也在不断听唱的过程中逐渐养成。但是，随着人们生活方式的改变，这些传统的"传承场"逐渐萎缩乃至消失。任何活态的民间文学作品传承都离不开"传承场"，传承人的养育也离不开"传承场"。如果要让民间文学类非物质文化遗产作品能够活态传承，重塑"传承场"是关键的一环，否则就谈不上活态传承。从现实情况看，传统"传承场"的萎缩是不能逆转的事实，这是社会发展的必然结果，民间文学类非物质文化遗产的活态传承，只有重塑新的"传承场"。活化利用，就是运用民间文学类非物质文化遗产作品的形式或某些元素为今天的社会服务，发挥

其应有的作用。

三、民间文学类非物质文化遗产的翻译

中国民间文学的语篇范围应属于文字作品,翻译时应注意用语的文学性。中国民间文学的语篇方式属于口头语言,故翻译中在注重文学性的同时,要注意使用口语体,避免冗长、复杂的句构;民间文学的语篇基调应属于亲密体,因此翻译中要注意语言的娓娓动听。译文的语篇范围、语篇方式以及语篇基调这三个方面都要与民间文学的体裁相适应。这里的篇章主要是指由几个句子组成的具有语篇特点的语言单位。

格萨尔是一个消灭妖魔的、为人民谋幸福英雄的形象,是蒙古族和藏族经过很多年的历史创作出来的一个英雄人物。它不仅是一个传说,也是一部活着的史诗。格萨尔是中国三大史诗中最重要的一个史诗,也是蒙古族文学的三大高峰之一,被列入联合国教科文组织人类非物质文化遗产名录。格萨尔故事讲述的是天界看到人间大乱,便让格萨尔下凡,降妖除魔,为民除害,促成各部落和睦相处,共建美好家园。格萨尔说唱用的乐器有很多种,重点是低音四胡,还有潮尔、马头琴等。蒙古族民族常用的乐器都在说唱里面得到使用。格萨尔是文学艺术,又是唱练艺术。

译文

Gesar as a person is a heroic figure who vanquishes monsters to bring people happiness. Gesar as a classical literary work is not only a legend, but also a living epic. Gesar is the most important one of the three Chinese epic poems. It's also one of the three greatest works of Mongolian literature. In 2009 the Gesar epic was inscribed on the UNESCO Representative List of the Intangible Cultural Heritage of Humanity. Long long ago, the ethnic Mongolian and Tibetan people created this heroic figure. According to the epic, the god of heaven finds that human world is in turmoil, so he asks Gesar to descend to the earth, making him the Mongolian Khan to eliminate devils. Gesar finally vanquished monsters and established harmony and peace among all the tribes. Various musical instruments are used to accompany storytelling and singing of the Gesar epic. The most important ones include bass sihu, Chaoer, and Matouqin (all traditional Mongolian string instruments). The commonly-used Mongolian musical instruments are all involved in the storytelling and singing. Gesar is both an art of literature and an art of singing.

在以上这段关于格萨尔的中文介绍材料中，使用了大量神话故事中出现的词汇，如消灭妖魔、为人民谋幸福、人间大乱、下凡、降妖除魔、为民除害等，分别译为：vanquishes monsters to bring people happiness, is in turmoil, descend to the earth, making him the Mongolian Khan to eliminate devils。其中，为民除害的译作"making him the Mongolian Khan to eliminate devils"，出现了 the Mongolian Khan，表示蒙古可汗，可汗又称大汗，原意为王朝、神灵和上天，是阿尔泰语系民族对首领的尊称，是4世纪以后蒙古高原游牧民族高级政治体首领的称谓。最早出现于3世纪鲜卑部落，记载于《宋书》，最初这个称呼最早被用于称呼鲜卑部落的酋长，也作"可寒"。可汗作为一国之主的称号类似于汉语的国王。古代阿尔泰语系民族柔然、突厥、回鹘、吐谷浑、黠戛斯、蒙古、满洲等族群对首领皆称可汗，是部落里部众对首领的尊称。在那些部落和民族中，可汗是非常强大厉害的，具有神一样的力量，因此，文中提到蒙古可汗去驱逐妖魔鬼怪。不了解蒙古文化的阅读者在读到这一部分的时候，对蒙古可汗的内涵意义不清楚，通过后面的目的状语 to eliminate devils 可以得到补充说明，使意思更加明确。

在提到格萨尔说唱用的乐器时，提到了"低音四胡，还有潮尔、马头琴"，译文是"bass sihu, Chaoer, and Matouqin (all traditional Mongolian string instruments)"，在括号里面说明以上所提及的全部是蒙古的传统弦乐器，通过音译加解释的方式进行处理。

女娲补天

盘古开天辟地后，世上本没有人，是女娲按照自己的样子用黄泥塑出了人类。此后，人们便开始在大地上幸福地生活着。天有不测风云，在某一年，忽然天崩地裂，大火肆虐，洪水滔天，野兽横行伤人。女娲把五彩石融化，再用这些熔化了的液体把天上的洞补好。然后，她又将一只万年巨龟的四足斩下，把它们用作擎天柱，支撑住了天地的四方。就这样，天补好了，四个角撑住了，洪水被驯服，猛兽被消灭，人类的生活又恢复到往日的幸福祥和之中。

译文

It is said that there was no man when the sky and the earth were separated by Pangu. It was Nüwa who made human beings after her own model with yellow clay. From then on, man began to live in peace and happiness on the earth. Unexpectedly the four pillars supporting the heaven suddenly collapsed and the earth cracked. A great fire raged; torrential water flooded all the lands; fierce animals preyed on men. Then Nüwa melted five colored stones, using them to mend the cracks in the sky. To replace the broken pillars, she cut off the four legs of a huge turtle and used them to support the fallen sky. Thus the sky was patched up, its four corners were lifted, the flood was tamed, harmful animals were killed, and the innocent people were able to restore their happy lives.

女娲补天是我国的神话故事。原文中的"天有不测风云""天崩地裂""大火肆虐""洪水滔天"等描述营造了天地之间意外出现一片混沌的状态和情形。"天有不测风云"用 unexpectedly 一词进行翻译；"天崩地裂"译为"the four pillars supporting the heaven suddenly collapsed and the earth cracked"，采用了意译，把"天崩地裂"处理为"支撑着天堂的四根柱子突然倒塌了，大地也破裂了"，暗示了天地之间是由四根柱子支撑起来的，对原文的意思进行了补充说明，为阅读者理解后面提到的"将一只万年巨龟的四足斩下，把它们用作擎天柱，支撑住了天地的四方，把天补好了"做了铺垫。"大火肆虐"的译文采用了拟人的手法，译为"a great fire raged."体现了神话故事的特点，增强了译文的文学色彩，提升了译文文本的阅读性和趣味性。巨龟的四足成了"擎天柱"，撑起天地的四方，译文处理为"the four legs of a huge turtle""and to support the fallen sky"，和前面的四根柱子相照应，并且用了 fallen 一词修饰 sky，表明天空已经塌下来了。

盘古开天辟地是中国古代民间神话传说之一，是典型的创世神话。传说远古时期，宇宙就像是一个大鸡蛋一样混沌一团，有个叫作盘古的巨人在这个"大鸡蛋"中一直酣睡了约18000年后醒来,盘古凭借着自己的神力把天地开辟出来了。他的左眼变成了太阳,右眼变成了月亮;头发和胡须变成了夜空的星星;他的身体变成了东、西、南、北四极和雄伟的三山五岳;血液变成了江河;牙齿、骨骼和骨髓变成了地下矿藏;皮肤和汗毛变成了大地上的草木;汗水变成了雨露。所以,都说人类是世上的万物之灵。2008年6月7日,盘古神话经国务院批准列入第二批国家级非物质文化遗产名录。

译文

Legend of Pangu

Darkness.

Chaos.

There was neither sky,

nor earth.

It was the beginning of the universe.

Pangu slept inside the egg-shaped universe

for 18,000 years.

Finally, he woke up.

Ouch!

Pangu hit his head on the egg.

He was trapped inside the egg.

No way!

He turned one of his teeth into an axe

and cut the egg open!

The egg became two parts:

Sky, light and clear,

and earth, heavy and dark.

Come on!

In between the sky and the earth

stood Pangu,

who pushed the sky higher and higher

and the earth lower and lower

Over another 18,000 years,

the three grew together:

the sky grew extremely high,

the earth grew extremely thick,

and Pangu grew extremely tall.

Tired.

Pangu was too tired,

and he died.

Wait!

That's not the end of the story.

The moment Pangu fell down,

his eyes turned into the sun and the moon,

his blood became rivers and seas,

his hair changed into grasslands and forests,

and his head and body

became the five great mountains in China:

Mount Tai in Shandong,

Mount Heng in Hunan,

Mount Hua in Shaanxi,

Mount Heng in Shanxi,

and Mount Song in Henan.

Pangu melted into the universe.

以上关于盘古的英文非常具有文学性。译文的形式像诗歌，同时，增加了盘古开天辟地过程中的一些感受，比如用到了拟声词"Ouch!"还有"No way!""Come on!""Wait!"这些词汇都是以第一人称的视角进行呈现，体现了现场感和画面感，增强了作者和读者的互动，有助于提升读者的兴趣和跟进情节，有很强的文学意境；而且，以诗歌的形式和排版让读者阅读的时候视觉效果更佳，避免了冗长、复杂的内容。在最开始的部分，以两个单词"Darkness""Chaos"简洁明了地介绍了周围的环境，营造了身临其境的氛围，非常具有代入感，让读者有继续读下去的欲望。

民间文学类非物质文化遗产有着多年根深蒂固的历史文明积淀，历尽沧桑，大多是由世代口头相传下来。想要有高质量的译文，就需要对原文进行详细的整理和梳理，厘清文本的叙事特点、思维逻辑，并深刻理解文本中所呈现的文化因素。翻译过程中，不可避免地要进行译文的再创造，通过语言的转换，激发读者的阅读兴趣，使之乐于接受译文的内容。西方读者写文章一般是开门见山，直接点题，思维方式是直线型，英文文本更注重于逻辑与内容表达的清晰性。而中文文本会使用大量的写作或修辞方法使文章表达生动，按照这样的译文处理就很难使西方读者抓住重点。所以，应遵循由易到难，由简到繁的原则，研究与翻译同时进行，逐步过渡到全译，这样才能让读者乐于接受。

汪榕培教授提出的"传神达意"是指译文的意义要忠实于原文，不论是遣词造句、语篇布局还是文本所反映的精神内涵都要尽量与原文保持一致，表达出原文的精髓。在翻译过程中，译者既要兼顾语言层面的翻译技巧，也要注重文化层面的传递与表达。所以，民间文学的英译需要通顺流畅的现代英语文本，同时也需要传神易懂的文化翻译效果。

民间文学类非物质文化遗产英译的目的是将中国优秀的民间文学和民间文化广泛传播到国际社会，促进中华文化"走出去"，同时更好地保护濒临消亡的人类精神财富。因此，保存文化意蕴是英译过程中的首要问题，应当尊重原文所表达的文化内涵，翻译的目的是将原文的风采进行传播。因此，翻译时，首先，要尽量忠实于原文，能够直接进行翻译的词句就不要有过多的加工，尽量找到与原文相对应的表达方式来翻译。其次，考虑到文本的文化性、汉语语言在故事的叙述上的模糊性以及民间文学语言的形象性，在直译不能够表达原文意义的情况下，则需要考虑使用灵活的翻译方法处理文本。这也可以成为民间文学翻译的总的指导原则。所以，民间文学的英译应该以直译为主，还要灵活使用各种翻译方法与技巧，如，摘译、音译、增译等多种译法。总之，民间文学的翻译就是在尊重原文文本的基础上，进行合理的翻译再创造，使之既能够为国外读者所接受，又忠实地表达原文的文化内涵。

民间文学类非物质文化遗产的英译必须做到既符合中国国情，又符合国外受众的认知需求。这一类英译以民众为传播导向，遵从人民群众思维方式、心理需求、信息需求和语言表现方式，翻译时应更多地将思维方式、文化差异、情感表达体现出来，达到强化宣传效果的目的。陈芳蓉认为在民间文学的英译过程中一方面要注意保持语言多样性，采取"求同存异"策略。为弥补外宣翻译中的文化空缺，译者应从民间文学的翻译目的出发，有选择地使用翻译策略，进行灵活变通的顺应性补充。

如果原文文本所要表达的信息过多，而在翻译过程中又有篇幅、版面等限制，这时可以考虑使用摘译法，但要体现原文所要表达的受众需求。对于民间文学来说，摘译主要涉及故事的起源、特点以及历史文化价值等方面。这些部分往往篇幅较长，但又不能省略，因为这是使读者接受文本的前提。摘译简单来说就是摘选原文的部分内容进行翻译，而非传统意义上对全文的完整翻译。摘译可以涉及篇章、段落、句子等多个层次。译者要根据翻译的实际情况对文章的内容做适当的取舍，否则会使译文文本不忠实于原文，无法达到翻译效果。

增译是指在原文基础上增添相应信息，从而有利于人民群众的接受和理解。民间文学的显著特点之一是其民族性和地方性。译文中民间背景知识较少，不太利于国外读者的理解，所以有必要增加其历史背景的介绍，以便于使读者明白这个故事中的民族性和地方性。增译后的译文中添加了相应的历史文化背景知识，可以使读者充分理解其文化的独特性，在非物质文化遗产民间文学的英译方面采用这种方法是非常有利于对外传播和推广的。

音译法是文本翻译的一种常用的方法，其作用是能够对一些文化缺失项进行直接的补充。译者们往往会发现，在翻译时，很多汉语词汇，尤其是与文化相关的内容，常常找不到相对应的英语表达方式，音译在这一方面发挥着不可替代的作用。如"yinyang""taji"等。但音译法的使用要恰当，频次要适度，否则会过犹不及，使人怀疑译者在翻译过程中没有考虑全面，令读者望而却步。

民间文学英译是我国对外传播中华文化的特殊途径，针对非物质文化遗产下的民间文学英译的探索与实践，任重而道远。从民间文学的视角探讨非物质文化遗产的英译，有利于明确其英译的原则、翻译策略和方法，达到传播非物质文化遗产内涵，让更多的目标语读者了解、理解、接受和认同历史文化的目的。但是，想要将具有浓厚历史文化地域特色的民间文学翻译得当，并达到宣传目的绝非易事。非物质文化遗产英译的难度高，需要各方人士共同努力。

第三节 民俗类非物质文化遗产的传播和翻译

民俗即民间风俗，是一个民族的广大民众所创造和传承的生活文化，其能反映民族的宗教信仰、审美情趣、社会生活、精神风貌和心理情感等，是一种独特的文化现象。我国作为一个地域广泛、民族众多的国家，各个民族在漫长的历史岁月中都形成了具有特色的民俗文化。非物质文化遗产具有众多类型，而民俗属于非物质文化遗产的基础文化，做好民俗类非物质文化遗产的保护和传承是进行其他类型非物质文化遗产保护的前提。

民俗是依附人们的生活、习惯、情感与信仰而产生的文化，是指一个民族或一个社会群体在长期的生产实践和社会生活中逐渐形成并世代相传、较为稳定的文化事项，可以简单概括为民间流行的风尚、习俗，是社会民众中的传承性生活文化，是人类社会独特的社会文化现象。民俗文化增强了民族的认同，强化了民族精神，塑造了民族品格。为了更好地保护和让传统民俗得以传承，有很多传统民俗都列入了国家级非物质文化遗产名单，包括春节、泼水节、黄帝陵祭典、祭孔大典、壮族歌圩、秦淮灯会、回族服饰、蚕桑习俗等。传统民俗可以分为生产商贸习俗（含农林渔业、狩猎、饲养和畜牧业、商贸等）、消费习俗（含服饰习俗、饮食习俗、居住习俗、交通习俗等）、人生礼俗（妊娠习俗、分娩习俗、婚礼习俗、葬礼习俗等）、岁时节令（含节日习俗等）、民间信仰（含原始信仰、庙会、巫术与禁忌等）、民间知识（含医药卫生、物候天象、数理知识、测量等）。

中国是一个历史悠久的民俗文化大国，民俗文化不仅是历史的延续，而且还将延续下去。民俗文化在形成和发展过程中，造就了中华民族的精神传统和人文性格，因此，弘扬中国民俗文化传统，对增强中华民族的凝聚力，有着十分重要的意义。民俗是人民传承文化中最贴切身心和生活的一种文化——劳动时有生产劳动的民俗,日常生活中有日常生活的民俗,传统节日中有传统节日的民俗,社会组织有社会组织的民俗,人生成长的各个阶段也需要民俗进行规范。

民俗具有传承性、广泛性、稳定性。民俗又具有变异性。民俗类非物质文化遗产具有群体性、综合性、依赖特殊文化时空和"标志性文化"等典型特征。民俗是生活文化,而不是典籍文化,它通常没有文本,主要靠耳濡目染、言传身教的途径在人际和代际传承,即使在基本相同的条件下,它也不可能丝毫不差地被重复,在千变万化的生活情境中,活动主体必定要进行适当的调适,民俗也就随即发生了变化。这种差异表现为个人的,也表现为群体的,包括职业群体的、地区群体的、阶级群体的,这就出现了民俗的行业性、地区性、阶级性。如果把时间因素突出一下,一代人或一个时代对以前的民俗都会有所继承,有所改变,有所创新,这种时段之间的变化就是民俗的时代性。

民俗类非物质文化遗产是我国文化遗产的重要组成部分,也是中华文化和民族精神的重要载体。在国家级非物质文化遗产项目中,民俗类非物质文化遗产留存丰富,同时呈现各地区分布不均的现象。民俗类非物质文化遗产可以通过保护其赖以存续的"文化空间",建设"文化生态保护区"等途径进行整体性保护,实现非物质文化遗产的活态可持续传承。在现代都市生活中,创造大众参与的条件,把节庆仪式类非物质文化遗产中的象征符号进行具象解构,是实现这类非物质文化遗产活态传承的有效途径。在人类情感互通的基础上,进行民俗类非物质文化遗产保护和传承的国际合作,是值得探索的有益途径。民俗活动对人们的生产生活发挥了重要作用。在当代仍具有重大意义:一是具有强大的家族、民族凝聚作用,几乎所有传统节日都具有祈求风调雨顺、团圆吉庆、和顺幸福的深意;二是丰富人们的文化生活,使广大民众一年四季都有节日,而节日期间普遍有各种娱乐或祭祀活动;三是具有重要的经济价值,因为许多习俗是文化产业的重要资源,可以作为旅游、参观的重要项目。

民俗类非物质文化遗产具有地域性、群体性和综合性的特点。民俗类非物质文化遗产本身属于地域性文化的一部分,其产生和所处地域的宗教信仰、人文风俗以及生活环境等具有非常紧密的联系,依赖于当地的风土人情。民俗类非物质文化遗产的地域性特征明显，对当地的宗教信仰、生活环境等因素的依赖性非常大。世界上有了人就开始产生人的风俗习惯，而人是一种群居性的生物，因此依赖于人产生的民俗文化也具有群体性的特点，民俗是一种和人共始终的文化现象，是传统和现实的连接，连接着民众的物质生活和精神生活。民俗是民众在长期的社会生活和实践中创造并享用的文化事象，是从集体性的文明中衍生出来的文化表现形式。民俗类非物质文化遗产是一种综合性的文化，具有综合性的特征，是民众集体智慧的产物。

一、民俗类非物质文化遗产保护现状

民俗类非物质文化遗产的保护，旨在汲取各地方文化精神养分，将具有历史根源的思想特质和具有时代精神的匠人文化相结合，切实传承、保护我国优秀传统文化。民俗类非物质文化作为中国特点鲜明的地域文化，因群体特性差异多年来形成了非物质文化遗产，对地区影响广泛而又深远，是非物质文化遗产之"魂"。

一些民俗类非物质文化遗产保护仅仅停留在由政府、学术机构等官方渠道进行宣传保护，其传播路径及方法、组织方式和研究投入力度亟待改善，一定程度上制约了民俗类非物质文化遗产文化的重现和流传。民俗类非物质文化遗产文化主要依托于中国传统节庆和地区特定节日这一路径来传播，较为单一。问题主要集中在没有为民俗类的非物质文化遗产文化提供长期、广阔的展示平台。当有民俗演出活动时，没有形成固定的表演队伍和展示基地，存在成员流动大、水平高低不一和专业性偏低等问题。此外，民俗类非物质文化遗产研究力度投入不够，在挖掘和研究民俗类非物质文化遗产文化时候研究成本大、工作开展难度高等问题，缺少出台民俗文化长期发展规划。

二、民俗类非物质文化遗产翻译

端午节，又称端阳节、龙舟节、重午节、天中节等，是集拜神祭祖、祈福辟邪、欢庆娱乐和饮食于一体的民俗大节。端午节源于自然天象崇拜，由上古时代祭龙演变而来。端午节与春节、清明节、中秋节并称为中国四大传统节日。以下是关于端午节的介绍。

端午节（1）

农历五月初五为端午节，端午节的第一个意义就是纪念历史上伟大的爱国诗人屈原。端午节是我国具有两千多年历史的旧习俗，每到这一天，家家户户都悬钟馗像，挂艾叶菖蒲，赛龙舟，吃粽子，饮雄黄酒，游百病，佩香囊。

译文

The customs vary a lot in different areas of the country, but most of the families would hang the picture of Zhong Kui (a ghost that can exorcise ghosts), calamus and moxa in their houses. People have Dragon Boat Races, eat Zong Zi (dumpling made of glutinous rice wrapped in bamboo or reed leaves) and carry a spice bag round with them.

以上这一段关于端午节的中文原文和英文介绍相差较大。关于端午节的时间和纪念意义在译文中完全未提及。中文介绍的后半部分的意思传递基本完整。提到了钟馗像、艾草、菖蒲等在端午节会用到的物品，以及赛龙舟、吃粽子、佩戴香包等习俗。不过，饮雄黄酒这一信息缺失。因此，以上这段译文算不上是一篇合格的译文，对中国的传统文化输出有缺失。但是，值得一提的是对于钟馗、粽子这两个文化事项，译文采用了音译加解释的方式，让信息比较明确，意译传达到位准确。

端午节（2）

农历五月初五是端午节。关于它流传最广的传说与战国时期的楚国诗人、政治家屈原有关。屈原一生忠贞爱国，在得知楚国即将灭亡时，他感叹已无力救国，于五月初五，投河自尽，以身殉国。屈原投江后，百姓为了捞救他，撑船从四面八方赶来，人们还往江中投放角黍（粽子）等食物，为了使他的遗体不被鱼鳖侵食。为了纪念这位爱国诗人，五月初五"龙舟竞渡""角黍投江"等习俗流传至今，由此得名端午节。2009年9月，端午节成为中国首个入选世界非物质文化遗产的节日。

大多数中国节日都与特定的食物有关,端午节也不例外。粽子是端午节必不可少的食物。过去,每到端午节家家都要浸糯米,洗粽叶,裹进小枣、豆沙、鲜肉、火腿等或甜或咸的馅料,包成形状灵巧的三角粽。粽子深受中国人喜爱,如今已被送上成熟的生产线,很多人选择直接购买成品粽子。

在屈原的家乡,中国中部湖北省秭归县,每年端午节都有盛大的龙舟大赛,这项民俗活动代代相传,延续至今已有2000多年历史,中国赛龙舟由群众性的纪念活动发展成群众体育项目,甚至成为国际性体育赛事。目前世界上已经有超过85个国家和地区开展龙舟赛,如美国波士顿龙舟节已举办40多年,加拿大多伦多国际龙舟节已举办30余届。中国龙舟已"划"向了世界。

译文

The Dragon Boat Festival falls on the fifth day of the fifth lunar month. There are many different legends about the festival. But the most famous one is about Qu Yuan, a patriotic poet of the State of Chu during the Waring States Period (475 – 221BC). Qu Yuan is said to have been loyal and patriotic his whole life. When he realized the decline of Chu was beyond recovery, his remorse knowing he could no longer save it grew stronger and stronger. On the fifth day of the fifth lunar month, he threw himself into the river and died for this beloved homeland. Locals living adjacent to the river rushed into their boats to search for him. They threw jiaoshu (rice dumplings) and other food into the river to keep fish and turtles from devouring Qu Yuan's body. Later, to commemorate this patriotic poet, the customs of holding dragon boat races and throwing jiaoshu into the river on the fifth day of the fifth lunar month were passed down, giving rise to the name Dragon Boat Festival. In September, 2009, the Dragon Boat Festival became China's first festival to be selected for the world's intangible cultural heritage.

Most Chinese festivals are related to specific foods. And the Dragon Boat Festival is no exception. The Zongzi is an indispensable food for the Dragon Boat Festival. In the past, every family would soak glutinous rice, prepare reed leaves for wrapping, wrap the rice around sweet fillings such as jujube and bean paste or savory ones, like fresh meat or harm and tie them up into pyramidal shapes. Zongzi, which is very popular in China, are now mass produced on the production line. Many people choose to buy ready-to-eat products.

In Qu Yuan's hometown, Zigui county of Central China's Hubei province, a grand dragon boat race is held every year during the Dragon Boat Festival. This folk activity has been passed down from generation to generation, dating back more than 2,000 years. Today, China's dragon boat racing has developed from a local activity into a grand sport event, and even became an international sporting event. There are more than 85 countries and regions in the world that holds dragon boat races annually. The Boston Dragon Boat Festival has been held for 40 years and the Toronto International Dragon Boat Festival has witnessed more than 30 years or races. China's dragon boats have "rowed" to the world.

以上关于端午节的介绍从来历、传统食物和相关活动等几个方面着手详细讲解了端午节。译文很好地传递了原文的意思,细节处理较好。其中,楚国译为"the State of Chu during the Waring States Period (475 – 221BC)",不仅译出了"楚国"(the State of Chu),还补充说明了楚国的时间"the Waring States Period (475 – 221BC)"。在端午节的来历中提到,屈原投江后,百姓为了捞救屈原,"撑船从四面八方赶来",此处译为"Locals living adjacent to the river rushed into their boats to search for him."rush 一词用得很到位,强调速度快。但原文中提到了屈原不仅是诗人,还是一个政治家,译文中"政治家"这一信息没有被译出。

以下是关于清明节的中英文介绍。

原文

清明节是中国人的祭祀节日。在每年的农历四月初五左右,人们祭祖和扫墓,按照旧时习俗,扫墓时,人们来到墓地,将食物供奉在亲人墓前,为坟墓培上新土,折几枝嫩绿的新枝,插在坟上,然后叩头祭拜,900 多年前的一幅中国画《清明上河图》,描绘了当时人们在过清明节时的繁荣景象和节日风俗，人们骑着马，挑着担，从扫墓的地方归来。现在，清明节已经成为中国的法定节日，虽然随着时间的推移，祭祀的习俗可能悄悄改变，但中国人依然会在清明节这一天伴着春天的细雨，用自己的方式寄托对故人的哀思。

译文

The Qing Ming festival is a day of reverence for Chinese. People hold ceremonies for ancestors, and sweep their tombs on April 5th every year. According to tradition, during the Tomb Sweeping, people put food in front of the tombs, add new soil on the tomb. Decorate the tombs with some fresh branches and knock head. A traditional Chinese painting named Riverside Scene on the Qing Ming festival, drawn nine hundred years ago, shows the prosperous atmosphere and activities on that day. People returned from Tomb Sweeping with horses and packages in the picture. Now it is a public holiday in China, Although ceremonies have changed a little with time, Chinese still express their grief for the deceased.

以上关于清明节的介绍，首先，在中文里面有信息不准确的地方，"左右"一词表达了时间的不确定性，和西方国家的母亲节、父亲节、感恩节不同的是我国每年的清明节是固定的四月初五，"左右"一词显得多余。译文总体上传递了原文的意思，但是在译文的最后两句，标点符号使用不规范。在译文中，对原文的部分内容进行了省译，如"人们骑着马，挑着担"，骑马、挑担展现的是街头小巷人头攒动、车水马龙的景象，体现了繁荣，如果这一信息采用直译，会增加阅读者的认知负担，"挑着担子"走街串巷背后的含义对于西方国家的阅读者来说，即使译出也是冗余信息。"中国人依然会在清明节这一天伴着春天的细雨"这一部分在译文中也没有译出，"清明"常常和"雨纷纷"联系在一起，出自古诗"清明时节雨纷纷"，没有古诗词背景的西方阅读者对于这一信息毫无概念，因此，省译可以让阅读者更好地关注清明节的意义在于"寄托对故人的哀思"。

重阳节

农历九月九日是重阳节。在古代中国,"九"是一个很吉利的数字,被称为阳数。九月九日,两"九"相重,因此得名重阳,古人认为这一天是个值得庆贺的吉利日子,所以从很早就开始过重阳节。重阳节有登高的习俗,人们多借着重阳节的机会,去郊外登山游玩。1989年,中国把每年的九月九日定为老人节,重阳节成为尊老、敬老、爱老、助老的节日。

译文

The ninth day of the ninth lunar month is called the Double *Yang* Festival (or the Double Ninth Festival). In ancient China, "nine" was considered a lucky number, referred to as the number of *yang*. The ninth day of the ninth month has two nines, hence the name the Double *Yang*. Ancient Chinese believed the day was auspicious enough for celebration, so they made it a festival long time ago. The Double *Yang* Festival, famous for its custom of climbing heights, is a good opportunity for people to go to the suburbs for mountaineering and sightseeing. Ever since 1989 when the ninth day of the ninth lunar month was made the Senior Citizens' Day, the Double *Yang* Festival has also become the day for people to respect, love and help the aged.

以上关于重阳节的介绍,简洁明了地阐述了重阳节的来历,风俗习惯和节日活动。原文中的"阳"在译文中进行了音译,yang,同时,用了斜体进行标注,表明是一个专有文化名词,很好地将中国传统文化元素传递出去。整个译文流畅,意思传递完整准确。笔者认为,"阳"除了用音译法加斜体进行处理之外,如果能够适当进行解释就更好了。

接下来看一段关于妈祖的介绍。

原文

世界各地的华人都知道妈祖这位女神。几个世纪以来,都一直有人建造庙宇以纪念妈祖,而她的故事已成传奇。妈祖是海神,保护渔民及沿海的村落。有关妈祖的传奇要追溯一千多年前福建省莆田市湄州湾的香良港。本名林默娘的妈祖,是一位美丽动人的少女,很受村里每个人的尊敬及爱戴。林默娘之所以受人尊敬也因她有预测天气的能力。这个天赋对那

第五章 非物质文化遗产的分类翻译

些在本区海上捕鱼的渔民而言特别有利。默娘会就最近的天气状况向渔民警告,并告诉他们到海上作业是否安全抑或是否该留在港内为上策。有关妈祖的传奇有这样的说法:她过世后便升天成仙,从天上俯瞰海上和守护在海上航行的人。崇拜妈祖的人超过一亿人。事实上,全球各地为她建造的庙宇有一千五百多座,其中有九百座位于台湾。

译文

Chinese everywhere know of the goddess Mazu. Temples have been constructed in honor of her for centuries and her story is legendary. Mazu is the Goddess of the Sea and she protects fishermen and communities near the ocean. The legend of Mazu dates back to over 1,000 years ago in the Xianliang Port of Meizhou Bay in Putian, Fujian Province. Lin Moniang, Mazu's real name, was an attractive young girl and was respected and well-liked by everyone in her village. Lin Moniang was also revered for her ability to forecast the weather. This gift was especially advantageous to the fishermen who fished the seas in the area. The young girl was capable of warning them of impending weather conditions and telling them if it was safe to go out to sea or if it would be best to stay in the port. The legend of Mazu proclaims that after her death she went up to heaven and became an immortal. From heaven she watches over the seas and the people who travel on and across them. Because of this, over 100 million people worship her. In fact, there are more than 1,500 temples dedicated to her the world over. 900 of them are located in Taiwan.

这一段译文中,原文的"香良港"误译为"Xianliang Port",造成信息错误。文中"默娘会就最近的天气状况向渔民警告,并告诉他们到海上作业是否安全抑或留在港内为上策。"用到"抑或是"和"上策"二词,略显正式,译文处理为"telling them if it was safe to go out to sea or if it would be best to stay in the port",显得通俗易懂,避免了阅读负担。原文中提到崇拜妈祖的人很多,用了"崇拜她的人超过1亿人"这一表述,译文处理为"over 100 million people worship her",从意义的角度出发,完全传递了原文意思,但是这一表述过于直接,不需要把"1亿"这个数字翻译得具体,可以用一个模糊概念进行表述,如 many, lots of 等。在原文的最后，提到了有"在台湾有九百座庙宇是为妈祖建造的"，译文是"900 of them are located in Taiwan"这个句子译文在意思上完全没有问题，但是在语言使用的规范上，有待修改。在英文中，句子不要以数字开头。英语的句子忌讳用阿拉伯数字开头，因此，开头的数字最好用英文拼写出来，处理为"Nine hundred of them are located in Taiwan"。

二十四节气是中国人通过观察太阳周年运动，认知一年中时令、气候、物候等方面变化规律所形成的知识体系和社会实践。二十四节气形成于中国黄河流域，以观察该区域的天象、气温、降水和物候的时序变化为基准，作为农耕社会的生产生活的时间指南逐步为全国各地所采用，并为多民族所共享。作为中国人特有的时间知识体系，该遗产项目深刻影响着人们的思维方式和行为准则，是中华民族文化认同的重要载体。2016年11月30日，二十四节气被正式列入联合国教科文组织人类非物质文化遗产代表作名录。①

以下是一个关于二十四节气的中英文介绍。

原文

<h3 style="text-align:center">二十四节气</h3>

在两千多年以前，中国人通过观察太阳的运动轨迹，创立了二十四节气这个古老而科学的时间制度，称为"二十四节气"。在国际气象界，二十四节气被誉为中国"中国第五大发明"。2016年，二十四节气被正式列入联合国教科文组织人类非物质文化遗产代表作名录。

译文

<h3 style="text-align:center">24 Solar Terms</h3>

More than 2,000 years ago, ancient Chinese people created an overall framework to mark the annual passage of time based on observations of the sun's motion, called "The 24 Solar Terms". In the international meteorological field, the 24 solar terms are hailed as "the fifth great invention of China". In 2016, the 24 solar terms were included in the UNESCO's Representative List

---

① 文化和旅游部网站："二十四节气"正式列入联合国教科文组织人类非物质文化遗产代表作名录，https://www.mct.gov.cn/whzx/bnsj/dwwhllj/201612/t20161214_773196.htm。

of the Intangible Cultural Heritage of Humanity.

二十四节气包括立春、雨水、惊蛰、春分、清明、谷雨、立夏、小满、芒种、夏至、小暑、大暑、立秋、处暑、白露、秋分、寒露、霜降、立冬、小雪、大雪、冬至、小寒、大寒。

The 24 solar terms are Start of Spring, Rain Water, Insects Awaken, Spring Equinox, Clear and Bright, Grain Rain, Start of Summer, Grain Buds, Grain in Ear, Summer Solstice, Minor Heat, Major Heat, Start of Autumn, The End of Heat, White Dew, Autumn Equinox, Cold Dew, Frost's Descent, Start of Winter, Minor Snow, Major Snow, Winter Solstice, Minor Cold and Major Cold.

它分别以夏至、冬至作为一年之中白昼最长、最短的时间点,以春分、秋分作为昼夜最平衡的点。通过这四个时间点,一年分为四个季节:春、夏、秋、冬。

Summer Solstice and Winter Solstice are the two days of the year with the longest and shortest amount of daylight respectively, while Spring Equinox and Autumn Equinox are days with the most balanced amount of daytime and nighttime. Through these four points, a year is divided into four season: Spring, Summer, Autumn and Winter.

古时,这套时间制度不仅是农业生产的指南针,指导农民预测冷暖、春种秋收,还是民俗文化的风向标。例如,冬至是二十四节气中最早被制定的一个,后来逐渐演变成祭天祭祖的节日。在清明时期(公元1368~1912年),每逢冬至,皇帝便到天坛举行祭天大典,祈求来年风调雨顺、国泰民安。

In ancient times, this system not only guided agricultural production, instructing farmers to expect the changes in temperature, spring planting and autumn harvest, but also directed Chinese folk customs. For example, Winter Solstice was the first one coined among the 24 solar terms and later evolved into a festival to worship Heaven and ancestors. Every year at Winter Solstice, emperors of the Ming and Qing Dynasties (1368~1912) would go to the Temple of Heaven to hold a ceremony to worship Heaven, praying for good weather for their corps, and peace and prosperity for the country.

现在，二十四节气早已超越传统的农耕生活深入中国人的衣食住行。它通过特殊的节令食物和文化仪式提示人们顺应季节的交替。节气饮食习俗依然流行，像立春吃春饼，清明日扫墓踏青，立秋时贴秋膘，立冬补冬等鲜活的节气习俗依然流行，成为中国人生活中不可缺少的一种仪式。随着人们对传统文化的认知不断加深，以二十四节气为灵感的美食菜品、创意设计等文化产品层出不穷。这个古老的时间制度在新时代焕发出新的魅力和生机。对中国人来说，二十四节气是一个共同的认知体系，体现的是一种集体认同的情感纽带，体现的是中国人尊重自然，与自然和谐相处的智慧和创造力，它深刻影响着中国人的思维方式和行为准则。

Nowadays, the 24 solar terms could not only be applied to farming, but also guide Chinese in everyday life. They remind people to adapt to the changes in the seasons through suitable foods and cultural rituals. Seasonal customs are still the rage, such as eating spring pancakes at Start of Spring, sweeping ancestors' tombs at Qingming, gaining weight to keep warm at Start of Autumn and eating nutritious food to store energy at Start of Winter. They have actually become indispensable rituals in Chinese life. With the deepening of people's understanding of traditional culture, cultural products inspired by the 24 solar terms have emerged, including creative cuisines and designs. This ancient time system has gained new charm and vitality in the new ear. The 24 solar terms are a common cognitive system among Chinese, it reflects the emotional bond, the wisdom and creative of the Chinese, who respect and live in harmony with nature. It has a profound impact on the way people think and their codes of conduct.

以上译文很好地传递了原文的意思，行文流畅，词汇处理得当，译文中"运动轨迹"译为"motion"一词，省译了原文中的"轨迹"一词，避免了一一对应的生硬。在介绍二十四节气中，提到"二十四节气包括……"译文是"The 24 solar terms are…"，没有直接用 conclude 来处理。原文中提到了"指南针、风向标"，都是名词，译文中分别处理为"guide"和"direct"两个动词，运用了词性转换的翻译处理方式，把原文的意思准确地进行了传递。

一些带有浓浓生活气息的词汇，如风调雨顺、国泰民安、衣食住行、贴秋膘、立冬补冬等都处理得十分妥当。"风调雨顺、国泰民安"译为"good weather for their corps, and peace and prosperity for the country"; "衣食住行"译为"guide Chinese in everyday life"。"贴秋膘、立冬补冬"都属于节日饮食习俗。"贴秋膘"这个词和立秋密切相关。立秋，是二十四节气中的第13个节气，每年农历八月七日、八日或九日立秋。这一天民间素有"贴秋膘"习俗。普通百姓家吃炖肉，讲究一点的人家吃白切肉、红焖肉，以及肉馅饺子、炖鸡、炖鸭、红烧鱼等。而如今，年轻女性往往担心被贴秋膘，希望能瘦一些。民间流行在立秋这天以悬秤称人，将体重与立夏时对比来检验肥瘦，体重减轻叫"苦夏"。古时人们对健康的评判，往往只以胖瘦做标准。瘦了当然需要"补"，补的办法就是"贴秋膘"，吃味厚的美食佳肴，当然首选吃肉，"以肉贴膘"。在百度百科网站上，贴秋膘的外文名是"fleshing out in autumn"。文中"贴秋膘"译为"gaining weight to keep warm"更能够表达出"贴秋膘"为迎接即将到来的冬天的意义。"立冬补冬"流行于全国各地。中国民间以立冬为冬季之始，需进补以度严冬。在这一天，一般杀鸡宰鸭或买羊肉，加当归、人参等药物炖食，也有用糯米、龙眼、糖等蒸成米糕而食者，杭州人此节气习惯吃馄饨。译文"eating nutritious food to store energy at Start of Winter"很好地传递了在立冬时节用吃一些有营养价值的食物来储存过冬的能量的意思。

接下来看一段关于二十四节气中"谷雨"的介绍。

原文

"谷雨"这个节气的名称来源于俗语"雨生百谷"，由此可以看出，在这段时间内雨水对于庄稼的生长是何等重要。谷雨的到来代表着寒冷天气的终结和温度的攀升。温度和降水量的明显增长使谷物长得愈发快速和结实。这段时间是防虫蛀谷的关键期。谷雨降临在春末和夏初之间，伴随着少量冷空气南下，北方的冷空气依旧停滞不走。四月底到五月初，温度上升比三月要快得多。受土壤干燥、大气不稳定和强风影响，狂风和沙尘暴变得更加频繁。中国南方有个习俗：人们要在谷雨当天饮茶。谷雨期间的春茶富含维生素和氨基酸，对身体散热和明目都有帮助。还有一种说法：谷雨喝茶可抵挡厄运。中国北方人有谷雨吃香椿的传统。俗话说："雨前椿芽嫩如丝"，这种蔬菜营养丰富，有助于增强免疫系统，还有利于健胃护肤。谷雨标志着渔民在这一年里的首次出海，该习俗可追溯到两千多年前，当时人们认为是神灵保佑他们免受风暴袭击，获得丰收。在谷雨时节，人们会祭海并举行相关仪式，祈求丰收，也祈求所爱之人出海平安。

译文

Grain Rain originates from the old saying, "Rain brings up the growth of hundreds of grains," which shows that this period of rainfall is extremely important for the growth of crops. The Grain Rain signals the end of cold weather and a rapid rise in temperature. Grain Rain brings a marked increase in temperature and rainfall and the grains grow faster and stronger. It's a key time to protect the crops from insect pests. Grain Rain falls between the end of spring and the beginning of summer, with infrequent cold air moving to the south and lingering cold air in the north. From the end of April to the beginning of May, the temperature rises much higher than it does in March. With dry soil, an unsteady atmosphere and heavy winds, gales and sandstorms become more frequent. There is an old custom in southern China that people drink tea on the day of Grain Rain. Spring tea during Grain Rain is rich in vitamins and amino acids, which can help to remove heat from the body and is good for the eyes. It is also said that drinking tea on this day would prevent bad luck. People in northern China have the tradition to eat the vegetable toona sinensis during Grain Rain. An old Chinese saying goes "toona sinensis before the rain is as tender as silk". The vegetable is nutritious and can help to strengthen the immune system. It is also good for the stomach and skin. Grain Rain marks the start of the fishermen's first voyage of the year. The custom dates back more than 2,000 years ago, when people believed they owed a good harvest to the gods, who protected them from the stormy seas. People would worship the sea and stage sacrifice rites on the Grain Rain festival, praying for a bountiful harvest and a safe voyage for their loved ones.

在民俗类非物质文化遗产的介绍中，常常会使用一些俗语。俗语是指在百姓之间广泛流传，为广大百姓较为认可的语句，具有言简意赅、寓意丰富、哲理性强的特点，这些俗语大部分都是广大的百姓长期对于生活经验、自然规律的总结，而且都是一些让人广为接受的名言警句，因为熟知性强的特点，在说话的过程中合理地引用谚语，会增加语言的表达特色，让语言的表述更加流畅。谚语的特性是精练短小，争取用最短的文字和话语，表达出最为深刻的意思，这也是其中谚语的魅力所在。如上文中的"雨生百谷""雨前椿芽嫩如丝"。俗语是富有形象化的语言，富有修辞色彩是其一大特色，利用多种多样的表述方式以及更加鲜明的形象来让大众易于接受俗语中的内容。俗语具有浓厚的民族特色，要想更好地翻译，就要求翻译者要根据语言文化的特点，不遗余力地保持原文的特色。在俗语的翻译中，一定不能望文生义，不能只注重表面的含义而忘记了其中深层次的意思，而要注重语言的文学性和民族性。在进行俗语翻译的时候可以采用直接翻译法，要符合原文的语言规范和语法基础，保留其语言中原有的内容，直接翻译让俗语的语言更加原汁原味。直译法已经成为英语翻译中最为主要的翻译方法。因为人们相类似的生活经历和经验、类似的社会发展、相通的语言，造成不断流传的俗语现象，而这些俗语大多是采用直接翻译法完成的。例如文中所提及的俗语就是直接翻译法进行处理的。当然，还可以运用意译法和综合翻译法。很多时候，许多词语的翻译是不能采取单一的方式，而应当多种翻译方式结合使用，根据具体的俗语和具体的语境，灵活多变地采取相应的翻译措施。

音译+类别词策略。从效果对等角度看，译文接受者从英文非物质文化遗产名称中也应获取发音和非物质文化遗产本质两方面的信息。联合国教科文组织官网上公布的"人类非物质文化遗产代表作名录"中昆曲的英文译文为 Kun Qu opera。被纳入世界级非物质文化遗产，且采用音译+类别词翻译策略的中国非物质文化遗产项目还有很多，比如粤剧，联合国教科文组织官网上的译文为 Yueju opera，京剧为 Peking opera，格萨尔为 Gesar epic tradition。采用这种翻译策略的优势主要有以下几点：第一，能够让受众通过最小的努力了解该非物质文化遗产的本质，实现了最佳关联；第二，确保了目的语读者和译语读者获取到对等的信息，从而确保了对等的传播效果。因此，从关联理论角度看，采取音译＋类别词的翻译策略，能确保目的语受众用最小努力获得最多的信息，实现了译文和原文的最佳关联；从目的论视角来看，这种翻译策略确保了传播效果的对等，从而助力中国非物质文化遗产的海外传播。

　　套译策略。原文信息接受者和译文信息接受者对信息的理解取决于各自的文化预设。通常情况下，原文作者是根据自己的语言和文化背景为传达信息创造特定的语言表达方式，非物质文化遗产的名称表述也不例外。中国非物质文化遗产表述，对于有着相同文化预设的中文读者来说，他们能透过词汇的表面形式理解交际信息。然而对于不了解中文文化预设的英文接受者来说，他们只能按照自己的文化预设去理解译文。基于英文读者与中文读者大相径庭的文化预设，译者在将非物质文化遗产名称翻译时，需要考虑如何充分利用国外读者对中国文化的现有知识和文化预设实现最大的交际效果，从而让中国非物质文化遗产在国外能更好传播。在将大量中国非物质文化遗产进行翻译时，可以套译已经在国外广为传播、被外国友人熟知的非物质文化遗产名称，从而让非物质文化遗产的英文名称形成体系，方便中国非物质文化遗产"打包"实现海外传播。

　　在翻译中国具备世界影响力的非物质文化遗产项目的名称时，套译策略已成为构建其英文译名的重要方式。对于很多英文受众来说，基于以前对中国类似非物质文化遗产的了解，他们具备了几乎等同于中国读者的文化预设，这更有利于中国非物质文化遗产在英文受众中得到认可，从而助力中国文化"走出去"。

第四节　传统医学类非物质文化遗产的传播和翻译

　　传统医药是非物质文化遗产代表性项目中医药类的统称，以中医药为主，包含中医药文化、民族医药、针灸、正骨疗法、特色疗法、中药制剂、中药炮制、对生命和疾病的认知等类别。传统医药是反映中华民族对生命、健康和疾病的认识、具有悠久历史传统和独特理论及技术方法的医药学体系。传统医药既是中国传统治病救人的医药学思想和技术，又是中

第五章 非物质文化遗产的分类翻译

华传统文化精华的集中体现，其思想观念和实践方法都蕴含着深刻的中国哲学智慧。正如北京大学教授楼宇烈先生所言："中医就是以中国传统文化当中天人合一、天人感应、整体关联、动态平衡、顺应自然、中和为用、阴阳消长、五行生克等理念为内核，从整体生命观出发构建起一整套有关摄生、持生、达生、养生、强生、尊生、贵生等治未病的理论和方法，以及用针灸、按摩、推拿、经方等治已病的理论和方法。"

传统医药类非物质文化遗产项目更是非物质文化遗产文化中的瑰宝，因其多样化的诊疗手段以及"简、便、廉、验"的治疗特点而深受广大人民群众欢迎。近年来，先后有中药炮制技艺、中医传统制剂方法、中医针灸、中医正骨疗法、中医养生、老字号传统中医药文化、民族医药等百余项传统医药项目入选国家级非物质文化遗产保护项目，极大地繁荣了传统医药文化。截至2021年6月，国家级非物质文化遗产代表性项目名录中共有传统医药类项目23项，涉及182个申报地区或单位。23个非物质文化遗产代表性项目包括中医生命与疾病认知方法、中医诊法、中医诊疗法、中药炮制技术、中医传统制剂方法、针灸、正骨疗法、中医药文化、中医养生等项目，还包括藏族、蒙古族、苗族、壮族、侗族、彝族、傣族、畲族、瑶族、回族、布依族、哈萨克族、维吾尔族等民族的医药文化。

2021年11月，人民日报海外版发表文章《擦亮中医药非遗金字招牌》。文章提出，作为非物质文化遗产的典型代表，中医药非物质文化遗产是中医药宝库中的精华精髓、中华优秀传统文化的重要载体。保护好、传承好、利用好、发展好中医药非物质文化遗产是坚定文化自信、建设文化强国、健康中国的重要途径。我们要主动担当，积极作为，共同擦亮中医药这块金字招牌。

中医药是中华民族的瑰宝，也是世界人民的财富。传统医学的传承主要采用师承方式，该方式把大到宇宙观念、格物思想，小到把脉技巧、诊断经验和治疗偏方，一代又一代地传承了下来。几千年的中医发展事实证明，师带徒是中医人才培养的重要途径，尤其是某些专科的一技之长、不同流派的医疗经验及手法等，很难在课堂上教学，只能口传心授、手把手地教。

一、传统医学类非物质文化遗产保护现状

习近平同志指出，中医药是打开中华文明宝库的钥匙。[①] 保护中医药非物质文化遗产是不可或缺的方向与任务，也是中医药重要的研究内容。中医药非物质文化遗产保护与发展任重道远，要把这份宝贵的文化遗产继承好、发展好、利用好，进一步增强全国人民保护中医药文化、爱护中药文化、应用中药文化的意识，真正把老祖宗留下的宝贵财富，"传承精华，守正创新"。2020年7月25日，在文化和旅游部、国家中医药管理局的大力支持下，在中国非物质文化遗产保护协会的领导下，中国非物质文化遗产保护协会中医药委员会在北京成立。

当前，中医药非物质文化遗产在保护制度构建、保护名录编制、人才队伍培养、走出去等方面取得较大成绩，但仍有一些需要提升的空间。例如，中医药非物质文化遗产项目和传承人数量相对较少，如何进一步完善保护制度体系，加大对弱势项目的支持力度是保护工作的关键。相关部门应尽快开展专项调查工作，进一步掌握保护传承现状，开展后续跟踪工作；建立相关古籍与传统知识保护数据库，推进活态传承；加强传承人培养，提高代表性传承人的社会地位，支持符合条件的代表性传承人依法取得医师资格。中医药非物质文化遗产要更大程度地探索"医教研企"机构协同创新，构建并完善产业链、服务链、创新链生态。创新性发展，科技助力不可或缺，人才活力亟待激发。可以探索建设科技创新平台，激发人才创新活力，完善科技创新体制机制，开展多学科、跨领域的研究。

中医药非物质文化遗产在卫生、经济、科技、文化和生态等方面有很大的潜在价值，对相关价值予以挖掘和激发，能够更好地服务经济社会发展大局。可以探索中医药非物质文化遗产融入现代生活的路径，使其转化为民众能够用得上、用得好、具有鲜明时代特征和民族特色的健康产品。

[①] 新华网：习近平致中国中医科学院成立60周年贺信，http://www.xinhuanet.com//politics/2015-12/22/c_1117546203.htm?from=groupmessage&isappinstalled=0。

寻求中医药非物质文化遗产与市场经济的新结合点,用现代产业理念和市场经济法则进行转化开发,形成一批高质量品牌。

中医药非物质文化遗产要实现高质量发展,理应更大程度地实现跨界融合。从当前广大群众的实际需求和积累的经验来看,中医药"+旅游""+互联网""+养老""+康养"等备受瞩目,中医药非物质文化遗产特色小镇、特色园区、文创街区、旅游度假区等综合体前景广阔。通过相关类型的跨界融合,有助于实现科技创新、产业创新,培育新业态,重塑新格局。

传承与传播是非物质文化遗产保护的两个翅膀,缺一不可。有效传播对非物质文化遗产传承与保护具有重要作用,聚焦非物质文化遗产传播是具有现实意义的,非物质文化遗产传播本身在一定程度上能影响和促进非物质文化遗产发展。中医药非物质文化遗产需要进行多渠道、多方面、多层面的传播,可以广泛利用现代传播手段,如网络直播、短视频、VR等;推进中医药非物质文化遗产进校园、进社区;引导开发一批有价值有影响的音频视频节目、电视剧、电影、专题片、动漫作品;推进活化展示,建设运行中医药非物质文化遗产古籍和传统知识数字图书馆、博物馆;兴建中医药非物质文化遗产馆、研习所、体验基地等。同时,中医药非物质文化遗产也须积极"走出去",推进建立国际交流与合作机制,创新中医药文化对外传播方式和途径。

为推动传统医药类非物质文化遗产的传播,中国非物质文化遗产保护协会中医药委员会建设了中医药非物质文化遗产网、中医药非物质文化遗产公众号,为传统医药类非物质文化遗产的传播提供专业的宣传渠道。当然也存在一些问题。一些传统医药企业的网站根本没做英文版网站。个别企业虽然网站标注英文版,但点击进入空空如也,即使有内容,也是关于企业和产品的常规简介,也没有及时更新。医药企业网站英文版与传统医药相关的内容较少或者不全,有限的文本中存在语言层面、医药层面、文化层面的翻译错误,乱译、漏译时有发生,可读性较差。许多涉及少数民族医药的相关翻译更是无序混乱,甚至一片空白。传统医药类非物质文化遗产的翻译涉及传统医药相关理论、概念、医药文化等,如果译者对业界相关术语和表述知晓较少,在翻译时会因为没有领悟医药内涵而导致翻译错误,如果译者是语言基础好但翻译功底不强的传统医药专业从业人员,虽了解医学专业知识,但是英文表达能力有限,译文的可读性也会存在问题。传统医药类非物质文化遗产的外宣翻译很大的一个问题就是缺乏既具备传统医药文化知识背景又具有良好翻译功底的高层次翻译人才。

二、传统医学类非物质文化遗产翻译

2020年11月,在"中医针灸"申遗十周年暨世界针灸学会联合会2020国际针灸研讨会主会场上,中英双语版宣传片《千年针迹,金石为开——人类非物质文化遗产"中医针灸"》再次向世界展示了中医针灸的历史纵深和文化传承,[①] 以下是部分内容。

原文

天人合一,道法自然。在五千年华夏文明史中,我们的祖先一直在探寻养生、防病、治病之法。以术利民,以求仁寿天下。砭而刺之,久之则为"针"。热而熨之,久之则为"灸"。针灸,用银针和艾草作用于人体的皮肤、肌肉、筋骨,通过腧穴、经络调整人体状态,创造着生命和大自然和谐的奇迹。

中国最早的医学典籍《黄帝内经》中,介绍了当时盛行的五种治疗疾病的方法:微针、灸焫、毒药、砭石、导引按跷。其中说到南方人嗜酸而食胕(腐),其病挛痹,其治宜微针,故微针者从南方来,北方人乐野处而乳食,藏寒生满病,其治宜灸焫,故灸焫者从北方来。先民们在长期的医疗实践过程中,创造了以经络腧穴为核心的人体生理、病理理论体系,四通八达的经络、排列有致的穴位能够连接人体内外上下,平衡阴阳,调整气血,在人体生命活动中发挥着重要作用。

西晋人皇甫谧编撰的《针灸甲乙经》是中国现存最早的一部理论联系实际的针灸学专著。长沙马王堆汉墓出土的《帛书十一脉灸经》是记载经络腧穴发展的珍贵史料。唐代医学家孙思邈《备急千金要方》中的"明

---

① 资料来源:公众号"中国非物质文化遗产保护中心"。

堂三人图"和宋代针灸学家王惟一的《铜人腧六针灸图经》标志着针灸医学理论不断成熟与规范。王惟一还铸造了两具铜人模型,外刻经络腧穴内置脏腑作为针灸教学的直观教具和考核针灸医生之用。

公元1368~1644年的明代,中国针灸医学达到鼎盛名医辈出,其中以杨继洲为突出代表。杨继洲名济时出生于公元1522年,浙江三衢人氏,他家学渊源世代为医。为了精湛技艺,他刻苦钻研悬壶济世,终成一代"针圣"。他倾一生心血著成了《针灸大成》,总结了明代以前医家的针灸学术成绩,阐述了历代针灸的操作手法,重新考订了穴位的名称和位置,并辅以图文。至今《针灸大成》有50多个版本被译成日、法、德等多国文字流传海内外。

从孔夫子的"无病而自灸",到宋高祖的"灼艾分痛",从孙思邈的"三里保健"到端午节的"熏艾防疫",针灸已经深深地融入中华民族祖祖辈辈的生活之中。

译文

Man follows nature, the law of Taoism. In the long history of China, ancestors have been exploring ways of health care, prevention and treatment, hoping people would be virtuous and long life. The act of puncturing with a stone evolved into "acupuncture", warming with burning things into "moxibustion". Acumoxibustion adjust physical conditions with needles and Chinese mugwort based on acupoints and meridians, which creates harmony between life and nature.

China's earliest medical book, *The Yellow Emperor's Inner Classic*, introduces five prevalent methods for treating diseases: filiform needle, moxibustion, herbs, stone needle, daoyin and anqiao. It says southerners like sour and pickles. They easily suffer spasm or pain. They should be treated with filiform needle. So filiform needle originates from the south. Northerners prefer camping and dairy. They easily have cold and food retention. They should be treated with moxibustion. So moxibustion originates from the north. In the medical practice, ancestors created a theoretical system of physiology and pathology based on acupoints and meridians. They connect the entire body balance yin-yang, adjust qi-blood, which plays important role in human vital activity.

The A-B Classic of Acupuneture and Moxibustion compiled by Huangfu Mi, is the first work that links theory with practice. *The moxibustion classic of 11 meridians* from the Mawangdui Han Tombs is precious for recording the development of acupoints and meridians. The theory of acu-moxibustion became standardized as shown in "Ming Tang Three People" written by Sun Simiao in Tang Dynasty and illustrated *Classic of Acupoints on the Bronze Figure* by Wang Weiyi in Song Dynasty. Wang Weiyi also cast two bronze acupuncture statue with acupoints, meridians and internal organs as visual aids for teaching and exam.

In Ming Dynasty, Chinese acupuncture-moxibustion medicine reached a peak with many masters emerging. Among them, Yang Jizhou was the most outstanding one. He was raised in a family devoted to medicine for generations. In order to consummate skills, he worked hard to study and practice medicine and devoted his life to the writing of *The Great Compendium of Acupuncture and Moxibustion*. In the book he summed up the academic achievements before Ming Dynasty, explained the operation methods and corrected the name and location of acupoints with illustrations. Till now, the book has more than 50 versions and been translated into many languages and disseminated at home and abroad.

"Moxibustion for prevention" by Kong Zi, "for pain relief" by Song Gaozu, "for health care" by Sun Simiao and "for epidemic prevention", acumoxibustion have been deeply integrated in people's life in China.

在以上文本翻译中，出现了一些语言使用不规范的地方。朝代的前面需要加上定冠词"the"，文中所涉及的朝代都没有加上定冠词"the"；孔子的英文是"Confucius"；视频中英文字幕对照，部分英文句子的首字母没有大写。

"天人合一，道法自然"译文"Man follows nature, the law of Taoism"，没有很好传递原文的意思，特别是后半部分，"the law of Taoism"只是一个

第五章　非物质文化遗产的分类翻译

名词短语，没有表达出"道法自然"的意思。可译为"The Tao（Way）follows nature.""针灸"首次出现的时候，译文为"acu-moxibustion"，虽然前面分别提到了"acupuncture"（针）和"moxibustion"（灸），但是首次出现的时候建议用完整的形式表达"acupuncture-moxibustion"，这个完整的表达在文档后面部分出现。通常情况下，首次出现用完整形式表述，后面可以用缩写。

原文中提到了五种治疗疾病的方法：微针、灸焫、毒药、砭石、导引按蹻。译文分别是"filiform needle, moxibustion, herbs, stone needle, daoyin and anqiao"，其中，"毒药"一词处理较好，一听"毒药"，第一反应是"poisonous substance"或"poison"，这里的"毒药"是一种中医中的草药，所以用"herbs"；"导引按蹻"译为"daoyin and anqiao"，采用的是音译的方式，这有助于推广这两个有关于针灸的相关医学词汇，但是这样不加任何解释的音译会让目标语阅读者不知所云，哪怕是音译了解了读音，也不清楚具体指的是什么。同样的处理方式还有"yin-yang"，阴阳一词通过我国儒家思想、道家学派的文化推广在世界范围内有一定的接受度，但仍然可以进一步解释，如 male and female principle 或 light and shade principle；"气血"译为"qi-blood"，关于中医中的"气"，可以稍作解释："The ultimate goal of TCM is to balance the yin and yang in our lives through promoting the natural flow of qi"，以直译加注释的方法，受众可以更加清楚原文意思。

在提及唐代医学家孙思邈《备急千金要方》中的"明堂三人图"时，《备急千金要方》并未提及，只是提到了"明堂三人图"，《备急千金要方》译为 Prescriptions Worth Thousand Gold for Emergencies。译文中在讲到名医杨继洲时，对他的个人信息"杨继洲名济时出生于公元 1522 年，浙江三衢人氏"进行了省译，此处理较好，因为他的个人信息对于受众来说并不是关键信息，省译的处理可以减轻受众的认知负担，关注主要信息。在最后部分，端午节的"熏艾防疫"，端午节这一信息没有译出。民谚说"清明插柳，端午插艾"。在端午节，人们把插艾和菖蒲作为过端午节的重要内容之一。家家都洒扫庭院，将菖蒲、艾条插于门楣，悬于堂中。据了解，早在晋代人们已经开始把艾蒿（即艾草）挂在门上，端午节

151

和艾草是密不可分的。因此，在端午节熏艾草防治疾病，端午节这个时间信息不能省略。

传统医学类非物质文化遗产原文与译文的预期文本功能是一致的，同属于信息性文本和使役性文本，即提供医学信息并进行文化宣传和推广。在翻译的过程中，译介主体要考虑传统医药的民族性和国外受众的可接受性，既要彰显传统医药文化的独特魅力，又要体现其博大精深，因此要灵活运用异化与归化相结合的翻译策略。原文和译文的受众是源语和目的语的文化学者、文化爱好者、医学工作者和对传统医学感兴趣的普通民众。直译加注释的译法体现了翻译原则的同一性、对应性和简洁性，增加注释则便于国外受众理解。在翻译少数民族医药时，要保留该民族医药中独特的文化元素符号，因此多采用音译，保留其原本文化内涵。

在翻译过程中，翻译策略的制定需要考虑到因受众文化背景不同而产生的问题和如何达到中医药文化推广的目的。传统医学中一些不太熟悉的名称、术语、行话等由于思维方式和地域文化的差异，很难在英语中找到对应的词汇，译者需要给予解释说明。传统医学类非物质文化遗产的对外宣传材料中，词汇包括提供信息功能的词汇、文化推广功能的词汇、中文表达中常用的夸张词汇等，一些增加阅读负担、前后没有逻辑关系和关联的词汇和内容，对英语受众来说重复拖沓，在翻译的过程中可以省略。传统中医介绍中，常常会用到四字词汇或是成语，行文韵律较强，彰显中国传统医学的历史地位和其悠久的历史，增加古文韵味，翻译时应该保留这个特点。

传统中医文化元素的翻译是医学类非物质文化遗产翻译的难点，因为没有直接对应的目的语，译者翻译时需要做明确的解释说明。语言问题主要处理中英文不同句式的翻译，文本问题主要针对较多四字结构的翻译。对中医文化元素的翻译，建议采用增译法、直译加注法和音译加注法，根据需要增加解释的内容，既保持中医的文化特点，又便于其宣传和推广。对于句式差别等语言问题，建议采用转换句型法和增补主语法来处理无主句。一些句子可以译成被动句式或是翻译时把主语补全。采用断句法和合句法处理结构松散的长句，分析和安排好句与句之间的逻辑关系。对于四字结构问题，要分析字与字之间的逻辑关系。能够直译的尽量直译，若不能直译，建议译成目的语的惯用表达，这样能够保留行文朗朗上口的特点。

第五节　传统戏曲类非物质文化遗产的传播和翻译

中国戏曲是一门综合性的艺术，许多优秀的作品用语言、表演、音乐等艺术手段反映中国政治、经济和社会制度，阐释和勾勒中国梦，是展现中华民族自强不息精神追求的有效传播形式。中国戏曲艺术要走出国门，海外传播是主要途径与决胜环节。

传统戏曲是人民群众共同创造的、反映广大人民群众思想感情和审美品格的优秀传统文化。戏剧是中国传统艺术之一，剧种繁多有趣，表演形式载歌载舞，有说有唱，有文有武，集"唱、做、念、打"于一体，在世界戏剧史上独树一帜。为了更好地保护和传承传统戏曲，很多戏曲剧种都被列入了国家级非物质文化遗产名单。由于地域文化的差异，传统戏曲形成了千姿百态、各具特色的艺术风格。入选中国非物质文化遗产的传统戏剧包括京剧、粤剧、豫剧、川剧、皮影戏、梨园戏、秦腔、河北梆子、汉剧、评剧、越剧等。

民间戏曲是活跃于民间的艺术形式，是一定历史时期，一定文化生活背景下，由民间艺人和文人共同作用所产生的精神产品。因其具有浓郁的生活气息，极具亲和力的乡音土语而被广大群众喜闻乐见，一直以来满足着广大劳动人民的精神需求。同时它又是最朴素简便、最形象生动、最易被老百姓接受的思想教化形式。民间戏曲以其深厚的文化积淀和深刻的历史延续性特色，"所承载的不仅仅是一种艺术形式和文化形态，更重要的是它承载着劳动人民的生活经验、道德伦理、审美情趣，承载着各地各民族的传统文化价值和文化基因。"[1] 延续民间戏曲的存活，保护它存活的文化生态，是关系民族之魂，是关系中华民族传统文化

---

[1]　资料来源：民间小戏怎样传承，http://www.gscn.com.cn/gsnews/system/2019/12/06/012280141.shtml，2019 年 12 月 6 日。

命脉的工作。

一、传统戏曲类非物质文化遗产保护现状

戏曲是一种综合性的艺术表演形式，其传承具有周期长、专业性强、产出缓慢、互动性强、经济效益微弱等不利于传承的特点，多元文化的强力冲击使得民间戏曲在保护传承前景不容乐观。通过对非物质文化遗产中的戏曲进行普查和分析，可以看出尽管有各个层面的利好政策和非物质文化遗产传承保护的良好氛围，但从民间戏曲传承、保护的具体载体和人文生态考量，现状不尽如人意。京剧、藏戏、粤剧、皮影戏是世界级非物质文化遗产，一定程度上得到当地政府支持和重视。但在全国范围内，不少地方戏曲剧种已经消亡或是面临濒临消亡的危险，这些已经消亡或濒临消亡的戏曲剧种以流布于民间的小戏为主。一些对地方影响较大的戏曲剧种表现出传承创新发展动力不足，传承人员后继缺乏的情况。出现"无人演，无人看，无人传"的"三无"传承生态和"老艺人、老观众、老剧目""常演老戏、老戏常演"的演出现状。民间戏曲的传承发展受到了现代娱乐传媒的冲击，由于青年人在大城市集中生活而导致地方戏曲内生动力不足。

戏曲人才队伍青黄不接、后继乏人严峻形势显而易见。从传承人角度看，民间戏曲技艺传承主要靠口传心授，目前，包括各级非物质文化遗产传承人在内的多数团体从业人员年龄普遍偏大，年轻戏曲人才短缺，演员数量不足，行当不全。主要行当缺乏骨干演员，主创人员没有学习专业基础理论知识的机会。没有专业的戏曲知识，且传承人的技艺局限于某一方面，创新、创作能力缺乏，传承能力有限，仅有的传承也往往"走样"。非物质文化遗产传承人的传承热情不高，难以保证技艺的有效传承。传统戏剧各剧种的传承人培养主要依靠随团学习，难点在于师资不足和生源缺失。师资方面，许多老一辈巨匠已逝或年事过高，无法进行传承活动，而中青年名家又凤毛麟角，戏剧教育师资可谓紧缺。同时由于目前缺乏系统的传承人认定和保护机制，许多艺术家为生活所迫，无法集中精力传授技艺，甚至不免转行或跳槽。生源方面，由于待遇较低，选择戏曲艺术的学员越来越少，使传统戏曲传承者的挑选余地变得比较狭窄。

联合国教科文组织于 2003 年通过的《保护非物质文化遗产公约》中强调"世代相传……适应周围环境以及与自然和历史的互动中得到创新"理念，强调非物质文化遗产的活态性传承。创新是手段，传承是目的。只有在充分挖掘民间戏曲这种文化形态的精神价值和文化内涵的基础上精耕细作，既不抱残守缺，也不舍本逐末，找准与现实生活的契合点，守住自己的"根"和"魂"，把自己独有的特色当作剧种的生命，才能做到活态传承，有效创新，所创作的作品也才更具亲和力、感染力，让观众不会有疏离之感。但目前一些戏曲传播者和主创人员对地方戏曲艺术文化内涵的理解不够，没有充分了解自己的文化基因，因而无法有效创作出具有独特艺术气质和核心价值作品。对从事剧目创作的人员，在充分保证民间戏曲本质特征基础上需要开阔眼界，通过交流学习打开视野，做好地方戏曲传承创新工作。

非物质文化遗产项目的保护把人才的培养工作作为重点，非物质文化遗产保护工作要结合当代人实际生活为导向。不断加强传承创新能力建设，提高保护传承水平，推动非物质文化遗产保护事业深入发展。民间戏曲人才应该包括有思想有能力懂业务的戏曲保护工作专业队伍以及有水平有责任高素质的各级传承人和民间艺人队伍。

二、传统戏曲类非物质文化遗产的翻译

艺术无国界，但艺术的跨语言传播需要一定的途径和策略。无论是作为案头剧（文本阅读），还是场上剧（舞台演出），中国戏曲艺术要想展现给另外一种语言和文化的读者和观众，翻译是不可回避的第一道门槛。新时代的中国不缺乏优秀的戏曲理论家和戏曲演员，也不缺乏优秀的翻译人才，然而既懂戏曲理论，又懂戏曲表演，还精通中外两种语言的跨学科、复合型翻译人才凤毛麟角。译者的紧缺直接造成了我国戏曲翻译作品数量的匮乏。在众多的剧目中，有英译本的仅仅是极少部分。

在翻译方法上也应有所区别。中国戏曲是一门综合性的艺术，而现有的戏曲译作大多把原作等同于诗歌、小说、散文等一般的文字作品，没有特别关注到、抑或没有在译文中较为到位地表达出它原有的戏剧特性。换

句话说，假如一位不懂中文的老外读这样一部中国戏曲的译作，他将很难辨别出其原作到底是小说、散文还是戏剧。

译者的工作起点是原文本，工作终点是译文本，工作过程则是语言文字的转换活动，但这并不意味着他要考虑和处理的对象只有语言和文字。尤其对戏曲译者而言，要想将其中蕴含的博大精深的中华文化原汁原味地以另外一门语言表达出来，译者仅在剧本上下功夫是远远不够的，还必须到剧院去看演出，甚至自学一些基本的唱腔和表演。

戏曲作为一门综合性的多维艺术与中华民族核心价值观的重要载体，要登上缤纷多彩的世界舞台，"译出去"是"走出去"的必要前提。只有先让外国读者读到数量够多、质量有保证的戏曲外文译本，他才有可能对戏曲产生兴趣、更多了解与关注，逐渐理解和接受其中蕴含的中华文化精髓，从而加速中国文化"走出去"的历史进程。

以下是一段关于京剧的介绍。

原文

京剧

京剧，又称平剧、京戏，是中国影响最大的戏曲剧种，分布地以北京为中心，遍及全国各地。清代乾隆五十五年（1790年）起，原在南方演出的三庆、四喜、春台、和春四大徽班陆续进入北京，与来自湖北的汉调艺人合作，同时接受了昆曲、秦腔的部分剧目、曲调和表演方法，又吸收了一些地方民间曲调，通过不断的交流、融合，最终形成京剧。京剧师承昆曲与秦腔，前者曲词典雅、行腔婉转、表演细腻，后者表演技艺朴实、粗犷、豪放，富有夸张性，具有生活气息浓厚、技巧丰富的特点。京剧吸取两者精华，既能精致如珠圆玉润，也能明亮如雀鸟初啼。此外，它更是在"唱念做打"等身段、唱腔等方面有了新的突破。京剧发展至今，已形成多个流派——梅派的《贵妃醉酒》流光溢彩、绚丽纷呈；荀派的《金玉奴》娇雅妩媚、灵秀隽美；程派的《锁麟囊》典雅娴静、端庄清婉；尚派的《昭君出塞》激越高扬，错落缭绕。2010年，京剧被列入联合国教科文组织非物质文化遗产名录。

译文

Peking Opera

Peking Opera, also known as Beiping Opera and Peking Theater, is the most influential opera in China. It spreads in Beijing as the center and all over the country. Since 1790, four Hui troupes, Sanqing, Sixi, Chuntai and Hechun, originally performed in the south of China, have entered Beijing one after another to cooperate with Han Opera artists from Hubei Province. At the same time, they had accepted part of the repertoire, tunes and performance methods of Kunqu Opera and Qinqiang opera, and absorbed some local folk tunes as well. Through continuous exchanges and integration, Peking Opera finally formed. Peking Opera learned from Kunqu Opera and Qinqiang opera. The former one has decent songs, euphemistic singing and exquisite performance. The latter one is simple, unconstrained, rough and bold, characterized by its exaggeration. It has strong folk vitality and rich in skills. Peking Opera absorbs both essences, which can be elegant and polished, and bright as the first cry of birds. In addition, it has made a new breakthrough in such aspects as body performance and singing. Since the development of Peking Opera, many genres have been formed: Mei genre's "Drunken Concubine" is brilliant and colorful; Xun genre's "Jin Yunnu" is elegant and charming, smart and witty; Cheng genre's "The lucky purse" is graceful and demure; Shang genre's "Zhaojun going abroad" is exciting and bewildering. In 2010, it was listed in the UNESCO intangible cultural heritage list.

分析以上文本，在介绍京剧名称的时候，原文"京剧，又称平剧、京戏"，译文"Peking Opera, also known as Beiping Opera and Peking Theater"，"平剧"中的平指的是北平，译成"Beiping Opera"尚可取，但是把"京戏"译成"Peking Theater"就不太妥当了。这里京戏就和京剧的意思一样，可以省译。

原文提到"清代乾隆五十五年（1790年）起"，译文中直接译为"Since 1790"，此处处理恰当，"清代乾隆五十五年"这一信息对于目的语阅读者来说哪怕是搞清楚了时间节点，意义也不大，反而增加了阅读负担。

在中文介绍中，运用了大量四字词语来描述和形容秦腔、昆曲和京剧的风格和特点，如曲词典雅、行腔婉转、表演细腻、珠圆玉润、流光溢彩、异彩纷呈、娇雅妩媚、灵秀隽美、典雅娴静、端庄清婉、激越高扬，错落缭绕等。这些词汇带有典型的中文表达特点，这种四字词语的译本为单个英文单词，一般为形容词，如 decent songs, euphemistic singing and exquisite performance, elegant and polished, brilliant and colorful, charming, smart and witty, graceful and demure, exciting and bewildering 等。在最后部分提到梅派、荀派、程派和尚派四个流派的时候，原文中华丽的辞藻和描述对于一个不了解京剧的中国人来说，各个流派的区别可能都不是很清楚，翻译成英文，信息传递的有效性也有待提高。

原文"（京剧）更是在'唱念做打'等身段、唱腔等方面，有了新的突破。"译文为"In addition, it has made a new breakthrough in such aspects as body performance and singing.""唱念做打"在译文中没有出现，译者直接省译了这一信息。"唱念做打"是戏曲表演的四种艺术手段，同时也是戏曲表演的四项基本功，这一信息对于读者进一步了解戏曲有帮助，译出来更能够丰富戏曲的内涵。可以译为"The four performing techniques in Chinese traditional operas, considered the basics for an actor: singing, reciting, acting and martial arts performing."

由中国国际广播电台出品的100集《中国传统文化纪录片》中英双语版中，关于京剧的视频总时间是2分41秒。在整个视频中，关于京剧的语音介绍总共只有短短的25秒，分四段进行。

中文字幕

京剧是一个有200多年历史的古老戏曲。按照人物的身份性格把所有角色分为四类。京剧的台词使用歌曲或者富于音乐性的念白，用于京剧伴奏的乐器有十几种。今天，京剧依然用她独特的魅力让很多人着迷。

英文解说

Jingju, or Peking opera, is an ancient performance art with a history of 200 years. Jingju has four kinds of roles according to different identities and personalities. The lyrics of Jingju are performed by singing or rhythmic speaking accompanied by dozens of musical instrument. Now, Jingju is still in charms many Chinese people and foreigners, with his unique charm.

以下是一个关于京剧脸谱的介绍。译文将原文的信息全部传达，译文行文流畅，语气和文体风格与原文一致，断句恰当，句式正确，选词妥帖，段落衔接、句子呼应自然，有一定文采，亮点之处可圈可点。

原文

京剧之美不仅体现在其腔调上，它独特的美学风格、造型艺术也是其中重要组成部分。华丽的服饰、五彩的脸谱构成了人们对京剧的第一印象。其中京剧中"净"行（花脸），变化多端的脸谱不仅呈现出独特的审美趣向，更是通过色彩和线条的有机结合，传递了强烈的情感偏好，并以此展现出人物的年龄、性情、品格甚至命运走向。

译文

The charm of Peking Opera lies in not only its unique vocal performance, but also its distinctive aesthetic styles and modeling features. Gorgeous costumes and colorful facial masks (lianpu) are the first impressions people generally have on Peking Opera. Among the roles on the Peking Opera stage, Jing, popularly known as "hualian", is especially renowned for its diverse facial masks. Apart from their unique aesthetic styles, facial masks can also fulfil the function of expressing strong preferences through the combinations of colors and paint lines. Thus, the audience can get a glimpse of the age, personality, morality and even fate of certain roles on the stage through their symbolic facial make-up.

原文

京剧脸谱作为京剧艺术的"表情符号"，具有很强的装饰性和形式美感，是中国传统文化内涵视觉化的体现。它吸收了中国传统美学中的"重神似而不重形似"，注重"变形""传神""寓意"。脸谱讲究谱式，自有一套章法。勾画笔法或轻重缓急或顿挫有致。一个点有深重清浅之分，再加之不同含义的色彩绘制在不同图案轮廓里，人物就被性格化了，或端庄沉稳或邪恶奸诈，以夸张、美化、变形、象征等艺术夸张手法来寓褒贬分善恶，让人一目了然。

译文

As the "emoticon" of the Peking Opera, facial masks can play outstanding decorative and aesthetic roles through visualizing the quintessence of traditional Chinese culture. By adhering to the traditional Chinese aesthetic principle of

159

"focusing on similarities in style rather than in shape", face-painting attaches great importance to "the transformation of shapes", "lifelikeness" and "allusion". Face-painting has its own patterns. Lines can be thick or thin, dots can be "heavy black" or "light-colored" and pattern of lines can be intense or sparse. Colors with different connotations combined with various painting shapes can demonstrate the personalities of different roles: some are elegant and sedate while others are cunning and treacherous. Through artistic exaggeration, beautification, transformation and symbolism, face-painting can praise benevolence, satirize treacherousness and then help the audience get a glimpse of the personalities of certain roles.

原文

悲剧人物西楚霸王项羽,寿字眉,面带哭丧,威严肃穆,预示着兵败垓下,自刎于乌江的命运。再如关羽"面如重枣",红脸表现他的英勇忠贞;又如夏侯渊——《定军山》中的人物,曹操手下大将,通天纹勾长"寿"字显得鼻梁突起,人物形象更加雄壮。

译文

The facial mask of Xiang Yu, a tragic hero in ancient China, is featured with heavy eyebrows and deep sorrow, while for tells its ultimate fate of military failure and suicide. The facial mask of Guan Yu looks like a "red date" and the red color have symbolized "bravery" and "loyalty". Xiahou Yuan, a figure in Dingjunshan, was a trustworthy general of Cao Cao. His facial mask is featured with intense and extended lines and a high nose, depicting a towering and imposing figure.

原文

历经百年的发展与传播,京剧脸谱成为中国传统文化中最经典、最具代表性的文化艺术,具有深厚的民族精神和时代感,如今已成为中国传统文化的标识之一。文化交融也让京剧脸谱在今天大放异彩,渗透至现代美学的方方面面,为现代设计注入新鲜血液。

译文

After the development and popularization over a century, Peking Opera facial mask is now the most classical and representative art in traditional Chinese culture. Imbued with deep Chinese ethos and modern connotations, Peking Opera facial mask has become one of the marks of traditional Chines culture. Through cultural exchanges, Peking Opera facial masks comprehensively influenced modern aesthetics. By so doing, it also brought fresh insights and inspirations for modern design.

"京剧之美"中的"美"被译为"charm", charm 一词表示"魅力、吸引力、迷人之处",为后面介绍京剧的各种魅力做了铺垫。"腔调"一词译为"vocal performance", vocal 一词充分展现了京剧表演主要形式是通过演唱,主要通过观众的听觉呈现其表演内容。"脸谱"通过音译加意译的方式译文为"facial masks(lianpu)",不仅对文化专有项进行推广,脸谱的意思也很好地得到了传递。

讲到脸谱的谱式,原文提到"勾画笔法或轻重缓急或顿挫有致","一个点有深重清浅之分",译文为"Lines can be thick or thin, dots can be 'heavy black' or 'light-colored' and pattern of lines can be intense or sparse."四字词语"轻重缓急""顿挫有致""深重清浅之分"分别译为"thick and thin","intense or sparse"很好体现了原文中的反义对比意义;人物的"端庄沉稳""邪恶奸诈"译为"some are elegant and sedate while others are cunning and treacherous"用形容词对人物的特点进行了刻画。

介绍西楚霸王项羽的脸谱的描述"寿字眉,面带哭丧,威严肃穆",其中"川字眉"如果直译对于目标语受众来说,要准确理解是什么眉形是很困难的,这个部分,译者概括性地译为"with heavy eyebrows and deep sorrow",突出项羽的浓眉和充满悲伤的面容特征。项羽"兵败垓下,自刎于乌江"的人生命运译为"ultimate fate of military failure and suicide",项羽战败和最后自己结束生命的信息言简意赅地表达了出来。"手下大将"译为"a trustworthy general","方方面面"以"comprehensively"得到充分体现,"注入新鲜血液"通过意译"brought fresh insights and inspirations"达到了传神的效果。

原文

粤剧

粤剧,又被称"广东大戏""戏棚官话",是汉族传统戏曲之一,源自南戏。主要流行于我国南方地区,如广东、广西、香港、澳门等地。明末清初,弋阳腔、昆腔传入广东。清代咸丰、道光年间,广东本地班在演出中以西皮、二黄作为基本曲调,兼收高腔、昆腔及广东民间乐曲和时调,用"戏棚官话"为基本语言,间杂以粤方言,逐渐形成粤剧。粤剧演员的表演工艺分为四大基本类别——唱、做、念、打。唱是指唱功,配合不同的角色有各自不同演唱的方式。做是指做功,又称身段,即身体表演。念是指念白,即念出台词。用说话交代情节、人物的思想感情。打是指武打,例如舞水袖、水发、玩扇子、舞刀弄枪、耍棍挥棒,舞动旗帜等。粤剧广泛吸收广东音乐、广绣、牙雕、陶瓷、灰塑等地方艺术形式,充分体现了广府民系群落的地域文化传统,辐射范围遍及全球,在世界华人中具有文化凝聚力。

译文

Cantonese Opera

Cantonese opera, also known as "Guangdong opera" and "Xipeng Mandarin", is one of the traditional operas of the Han culture and was originated from Southern opera. It is mainly popular in southern China, such as Guangdong, Guangxi, Hong Kong, and Macao. At the end of Ming Dynasty and the beginning of Qing Dynasty, Yiyang and Kunqiang singing tunes were introduced into Guangdong. During the Xianfeng and Daoguang region period of the Qing Dynasty, the local theatre troupes in Guangdong took Xipi and Erhuang singing tunes as the basic tunes, including Gaoqiang, Kunqiang, Guangdong folk music and temporal tunes. They used "Xipeng Mandarin" as the basic language, mixed with Cantonese dialect, and gradually formed the unique Cantonese opera. The performing arts of Cantonese Opera actors are divided into four basic categories: singing, doing, reading and playing. Singing refers to singing skills. Actors use different singing skills to match different roles. Doing refers to doing work, also known as Shenduan, which means body performance. Reading refers to recitation, which means to recite lines, explaining the plot, the character's thoughts and feelings with words. Fighting refers to martial arts, such as fluttering long sleeves, whipping long hair, playing with fans, swords and guns, playing with sticks, waving flags and so on. Cantonese Opera is widely absorbed in Guangdong music, embroidery, ivory carving, ceramics, gray sculpture and other local art forms, which fully reflects the regional cultural tradition of the Guangfu local groups. It spreads all over the world and has a strong cultural cohesion among the Chinese people.

在关于粤剧的中文介绍中,提到了不同的唱腔,如弋阳腔、昆腔、高腔、昆腔以及以西皮、二黄,译文分别处理成为"Yiyang and Kunqiang singing tunes, Gaoqiang, Kunqiang, Xipi and Erhuang singing tunes",有的直接用了拼音,有的在拼音后加上了 singing tune 以表示一种唱腔和腔调。在同一个文本中,译文应该保持一致。对于初次了解粤剧的受众,唱腔的具体叫法并不重要,只要知道是属于唱腔的一种就可以。如果是对于粤剧有所了解的受众,译出具体的唱腔名就是必要的。所以,根据不同的受众和推广平台、途径,译文的内容需要进行细节处理。原文中提到时间"清代咸丰、道光年间",译文是"During the Xianfeng and Daoguang region period of the Qing Dynasty",这样的译法是完全把原文信息进行了传递,但受众不一定了解咸丰和道光到底是清代的哪个时间段,因此,这一信息可以在此基础上增加"the late period of the Qing Dynasty"让时间节点更清晰。

文中提到按表演技艺分的四大基本类别"唱、做、念、打",译文是"singing, doing, reading and playing",其中,"做"译成"doing"概念太模糊了,不知道具体是什么,"做"是指"身段",是肢体的表演,因此可以译为"acting"或"performing";"念"是指念白,即念出台词,译文是"reading"解释为"recitation",这两个词都不能够很好地表达其真正的含义,reading 多指朗读,带有文本的朗读,而 recitation 是指背诵,背诵是通过诵读的方式记住识记的阅读材料。京剧中的"念"是要交代情节、人物的思想感情,因此,译为"lyrics speaking"更合适;"打"译为"playing",play 为玩耍的意思,而"唱念做打"中的"打"是指"武

163

打","martial arts performing"更能够准确表达意思。

在原文中,提到粤剧吸收了广东音乐、广绣、牙雕、陶瓷、灰塑等地方艺术形式,其中,"牙雕"译为"ivory carving"。牙雕是指在象牙上进行的一系列的雕刻,是一门民间工艺美术。在古时候象牙是被允许用来制作工艺的,但按照《国务院办公厅关于有序停止商业性加工销售象牙及制品活动的通知》要求,2018年1月1日起全面停止加工销售象牙及制品活动,中国已全面禁止象牙交易。为了保护大象免遭杀害,1973年有21个国家的全权代表受命在美国华盛顿签署了《濒危野生动植物种国际贸易公约》,该公约严格限制象牙贸易,中国于1981年加入该公约。由于象牙贸易是非洲部分国家非常重要的经济来源,另外为传承牙雕等传统文化,该公约于2008年批准日本成为象牙合法进口国。所以,作为象牙制品的牙雕,是一个敏感的话题。因此,在原文中出现的这一信息,可以省译,避免出现争议。

以上的文本是对各种戏曲种类的介绍,没有涉及戏曲曲目唱词的翻译。唱词的翻译更具有情节性,内容更丰富。戏曲交流与传播不仅要让中国的戏曲艺术走出去,更要推进戏曲理论体系建设及传播工作。戏曲文化翻译要"攻坚克难",做好剧本翻译工作,将戏曲艺术中的文化内涵充分体现出来。戏曲翻译需要将戏曲的专业术语和"行话"用生动易懂、准确的语言翻译出来,拉近戏曲与大众的距离,扩大戏曲圈层,提升戏曲在海内外的知名度和接受度。以英语翻译为基础拓展到更多语种的翻译,培养戏曲同声传译人才,放宽视野,实现戏曲艺术的有效传播。从传播学角度出发,戏曲文化翻译不仅要照顾到翻译文本的质量,更要考虑翻译的传播效率,广泛吸纳国内外翻译人才,提高戏曲艺术的海外接受度。

下面是关于皮影戏的中英文介绍。

原文

皮影,俗称"皮影灯""皮影戏",是中华民族最古老的民间艺术形式之一,是用驴皮或牛皮手工雕制的造型艺术,同时也是一种由说、唱和音乐相结合、由艺人操作的表演艺术。这种通过光影展现的"三位一体"艺术,充满独特魅力,被誉为"电影的鼻祖""最早的卡通动画",有着深厚的群众基础和广泛的社会影响。

第五章 非物质文化遗产的分类翻译

译文

Shadow, commonly known as "shadow & lamp" or "leather-silhouette show", is one of the oldest forms of folk art in ancient China. It is a plastic art made of donkey skin or cowhide, and also a kind of performing art which is operated by artists, by combining saying, singing and music. This "Trinity" art, which is displayed through light and shadow, is full of unique charm and is known as "the originator of the film" and "the earliest cartoon (animation)", which has a deep mass foundation and extensive social influence.

这一段译文很简洁明了，没有过多的注释，注释法产生的译文有可能因为过于详尽而带来复杂、累赘之感，从而降低文本的可读性，致使评审人员丧失阅读兴趣。这时候，译者更不能过度注释，能用简洁语言说清楚就尽量从简。而笔者在查找资料过程中发现，不少译文存在多余阐释的问题，翻译后一些信息显得冗余。

第六节 手工艺类非物质文化遗产的传播和翻译

一、手工艺类非物质文化遗产的传播

传统技艺是指手工业的技术和工艺。手工技艺是人类的基本活动之一，它和社会生产、日常生活有着紧密的联系。手工艺及其制品是地域文化的结晶，是人们智慧和勤劳的象征，一代代人以口传心授的方式教授、流传手上的技艺，表达心声，体现价值，构成一种整体文化的象征。手工技艺项目凝聚了先民的智慧、创造力和敬业精神。手工技艺类非物质文化遗产作为非物质文化遗产的代表，在非物质文化遗产中具有重要的地位，体现非物质文化遗产的鲜明特征。手工制作技艺作为一种文化财富，其产品体现民族和地区文化的内涵。技艺是人类创造性文化实践的产物，具有鲜明文化特质，表现出不拘一格的文化形象。手工产品是用人工双手创造出的艺术表现形式。传统的手工匠人重视创造的过程，在其中充分地发挥着自身潜在的优势特征，同时得到创造艺术的快乐和满足。

工艺性是手工技艺的基础特点，手工制作真实地反映了手工艺人的精神世界，具有丰富的文化内涵和生活气息。手工生产中蕴含的艺术、自然、情感内容给人以想象空间，日益被人们所认同和关注。工艺性深深地存在于手工技艺的创造活动中，展现着非物质文化遗产的历史文化价值和深刻的社会内涵。传统手工技艺随着人类生活方式的演进、历史的变迁，其外在形式和内在思想均表现出传承性特征。传统手工技艺在自然、社会、文化环境互动中不断发展，获得广大人民群众的认同。历代手工技艺传承人会继承先辈们的手工技艺，在不同的时代发展与本时代相符合的传统手工技艺，满足人的精神文化需求。传统手工技艺不仅表现在外在的装饰、造型、技艺本身，还体现在社会背景、社会风俗、社会功能以及制作者的心理状况、文化积淀、思维方式等方面。考察传统手工技艺要从其内在的创造活动中去发掘其中的内涵，比如创造的独特方法和方式、当时的手工技艺的象征意义以及传承者想要表达的历史情感等。

非物质文化遗产手工艺项目传承以家族传承为核心，或者在长期的家族传承过程中逐渐扩散到以这个家族居住地为核心的一个村庄、乡镇等地域。家庭制作和手工小作坊是其传承和经营的主要形式，也说明非物质文化遗产手工艺是当地人民群众赖以谋生的重要资源和主要手段。保护手工艺类非物质文化遗产，首要应该重视传统手工艺行业的整体性保护，推动其行业发展、振兴，只有整个行业有激烈竞争、有活力，才能实现"自力保护"，才能真正做到生产性保护。

二、手工艺类非物质文化遗产的翻译

下面是一个关于糖画的中英文介绍。

原文

糖画是用糖绘画，既可以吃也可以欣赏。糖画是一种民间手工艺，以糖为材料来进行创造。艺人使用小汤勺舀起溶化了的糖水，在石板上飞快地来回浇铸，画出造型，并用小铲刀将糖画铲起。据说糖画起源于明代，后来，民间艺术家综合剪纸、皮影戏和雕塑技术，逐渐发展成为今天的糖的绘画艺术。

第五章 非物质文化遗产的分类翻译

译文

The sugar painting is just paintings made of sugar, which can not only be eaten but also appreciated. Sugar Painting is a Chinese folk handicrafts, which uses sugar as material for creation. The artists use a small spoon to scoop up the sugar melted, spread rapidly back and forth on the slate, draw shapes. Then use a small shovel scooped Sugar Painting. It is said that the sugar painting originated from the Sugar Prime Minister of Ming Dynasty, which are actually various figures made of sugar. Later, the folk artists of Sichuan integrated the sculpture technique of paper-cut and shadow play with each other. And the technique gradually develops into the sugar painting art today.

在英文介绍中，"糖画"采用的直译"sugar painting"，但是译文中前后表述不统一，有的用的小写，有的用的大写，这就不够严谨和规范。此外，糖画是民间手工艺，"艺人"译文中用的"artists"，因为是传统手工艺，所以用"craftsmen"更恰当。

以下是一个较为详细的关于糖画的中英文介绍。

原文

顾名思义，糖画是由糖制成的。它既是糖又是画，能看也能吃。在庙会、集市或公园里都可以看到它。糖画是一种民间传统手工艺品，在中国北方尤为流行。据说糖画的艺术可以追溯到400~600年前的明朝时期，当时糖塑是在模具中制作的，这是宗教仪式中祭奠的一部分（part of a memorial in religious ceremonies），在明代皇室祭祀中供奉神灵和祖先。后来该手工艺品在民间传播，并逐渐演变成糖画。

在清代，糖画越来越流行。模具也被一个小的青铜勺子代替，就是现在很常见的小钢包，有时是青铜或铜制成的。随着时间的流逝，糖画的当代形式逐渐演变，糖画技术和工具得到了改进，为工艺带来了许多新的图案，从生肖动物到卡通人物。

在中国西南部的四川省，通常会见到一些民间的艺术家在街道、公园和学校周围制作糖画。手艺人使用青铜勺子和铁锹作为工具，并使用大理石板作为"纸"，以液体红糖或白糖为原料。艺术家通常坐在木架子前，中间有一块抛光的大理石板，侧面有一个木制盘子，上面有可旋转的竹

167

签。盘子上画有各种图案，如龙、鸟、狗、花篮等。在支付了1到2元人民币后，通常是小孩的顾客，转动勺子，直到勺子停止。勺子所指的图案将由手艺人用糖做成。作为完全由糖组成的艺术作品的独特艺术，糖画与普通绘画有很大不同。首先，由于糖液冷却后，会凝结成固体。因此手艺人必须非常迅速地进行创作。其次，画家必须遵循一些笔画顺序，并在动物或其他图案的图片中画一条连续的线。将热糖从钢勺中淋到平坦的表面（通常由白色大理石或金属制成）上，并用相对较厚的糖流绘制图形轮廓。绘制主轮廓后，将放置较细的糖支撑链以支撑轮廓，并以漩涡、锯齿形或其他图案的组合填充画或模型。整个糖画由木棍支撑。

译文

Sugar Painting（糖画）, as its name suggests, is made from sugar. It is reviewed as both sugar and panting to view or eat. It can be seen whenever on temple fair, market fair or in park. Sugar painting is a kind of folk traditional handicrafts, especially prevailing in northern China. The art of sugar painting is said to go back around 400~600 years ago to the time of the Ming Dynasty, when sugar figures were made in molds as part of a sacrifice in religious rituals. Sugar tiger, sugar lion or figures of ministers were sacrificed to gods and ancestors in Royal Court in Ming Dynasty. Then the handicraft spread in the folk and evolved into sugar painting gradually.

In the Qing Dynasty, sugar painting gained more popularity. The molds were also replaced with a small bronze spoon, the now-common small ladle, sometimes bronze or copper. As time passed by, the contemporary form of sugar painting has gradually evolved. Overtime, sugar painting techniques and tools improved, bringing many new patterns to the craft, ranging from zodiac animals to cartoon characters.

In Sichuan Province of southwestern China, it is usual to see some folk artists producing sugar paintings along the streets, in the parks, and around the schools. The artist uses the bronze spoon and shovel as the tool, and the slab of marble as the "paper". The liquid brown sugar or white sugar is the raw material. The artists normally sit before a wooden stand where there is a polished slab of marble in the middle. On the side there is a wooden plate with a revolvable bamboo arrow on it. The plate is painted with various patterns in a circle such as a Chinese dragon, bird, dog, flower basket and so forth. After paying about 1 or 2 yuan, the customer, normally kids, turn the arrow and wait till it stops. The pattern pointed by the arrow is the one the artist is supposed to make with sugar. As a unique art for producing artistic pieces entirely composed of sugar, sugar painting is very different from normal painting. First, since the liquid sugar could freeze solid if it cools, the painter has to produce the work very quickly. Second, the painter has to follow some orders of strokes and draw a continuous line into a picture of an animal or other pattern. Hot sugar is drizzled from a small ladle onto a flat surface (usually made of white marble or metal) and the outline of the figure is drawn with a relatively thick stream of sugar. After the main outline is drawn, thinner supporting stands of sugar are placed to support the outline and fill in the figure of the body in a combination of swirls, zig-zags or other patterns. The whole design is supported by a wooden stick.

文中在翻译"糖画"的时候采用了直译的方式，同时，加注了中文汉字"糖画"，这是值得提倡的一种翻译处理方法，不仅把意思传递到位了，同时把中国的汉字传播了出去。文中提到糖画是"宗教仪式中祭奠的一部分"，英文翻译为"part of a sacrifice in religious rituals"，虽然"sacrifice"一词有"祭品"的意思，但并不常用，可以改译为"part of a religious ceremony"更合适。在第二部分，很多词汇译得比较生硬，甚至有些不符合目的语表达习惯的地方或是错误的翻译。比如：中文里提到的"现在很常见的"译为"now-common"；"有时是青铜或铜"译为"sometimes bronze or copper"中的"sometimes"；"随着时间的流逝"译为"overtime"；在以上的基础翻译中，有的采用了中英文一一对应的翻译，"sometimes"一词是直接翻译过来的，带有明显的中文表达的痕迹，去掉该词更恰当。"overtime"的意思有"加班时间（加班加点）、（比赛）延长时间、在规定时间之外（超出时间）"等，与文中的"随着时间的流逝"的意思不相符，可以改译为"with the passage of time"或是"with the time goes by"

等。第三部分就详细介绍糖画的制作过程、制作原材料和制作工艺。在这一部分，多次提到了手艺人，文中对手艺人的叫法有好几个，如民间艺术家、手艺人、画家等。英文也相应译为了"folk artists""artists""painter"，这样的译法虽然没有语言上的问题，但是前后不一致不利于阅读者的理解，可以统一固定一个表达如 sugar painter 或 craftsman，以减少阅读认知负担。另一处欠佳的翻译是"作为完全由糖组成的艺术作品的独特艺术"，译文为"As a unique art for producing artistic pieces entirely composed of sugar"，这样的译法显得很累赘，对应了中文的词语，也不符合目的语的表达习惯，简化为"As a unique art of entirely composed of sugar"更恰当。

以下是一段关于"剪纸"的中英文介绍。

原文

剪纸是中国最为流行的传统民间艺术形式之一。中国剪纸有一千五百多年的历史，在明朝和清朝时期特别流行。人们常用剪纸美化居家环境，特别是在春节和婚庆期间，剪纸被用来装饰门窗和房间，以增加喜庆的气氛。这个习俗历史悠久，美丽的窗花不仅能装点节日的气氛，还寄托了人们辞旧迎新，接福纳祥的美好愿望。剪纸最常用的颜色是红色，象征健康和兴旺。中国剪纸在世界各地很受欢迎，经常被用作馈赠外国友人的礼物。传统的剪纸也叫作"窗花"，因为它最初就是贴在窗户上作为装饰用的。其他的剪纸形式都是在窗花的基础上发展演变而来的。

译文

Paper cutting is one of China's most popular traditional folk arts. Chinese paper cutting has a history of more than 1,500 years. It was wide spread particularly during the Ming and Qing Dynasties. People often beautify their homes with paper cuttings. During the Spring Festival and wedding celebrations, in particular, paper cuttings are used to decorate doors, windows and rooms in order to enhance the joyous atmosphere. This custom has a long history which not only brings festivity to the holiday, but is also a symbol for people to express their wishes for welcoming the new year, blessings, and fortunes. The color most frequently used in paper cutting is red, which symbolizes health and prosperity. Chinese paper cutting is very popular around the world and it is often given as a present to foreign friends. Traditional paper cutting is also called "window blossoms" because they were first put on windows for decoration. Other forms of paper cutting are derived from the "window blossoms".

以上关于剪纸的中文介绍中，用了一些四字的词语进行表达，如居家环境、历史悠久、辞旧迎新、接福纳祥等。还有正式的词语，如馈赠。译文都处理得较好，"居家环境"译为"homes"，"历史悠久"译为"has a long history"，"辞旧迎新、接福纳祥"译为"welcoming the new year, blessings, and fortunes"，但存在标点符号运用不规范的地方，连接词"and"的前面是不需要用逗号的。此外，文中还有一处有误译，就是"wide spread"应当译为"widely spread"。译文整体翻译质量较高，很好地把剪纸艺术背景、由来和意义等信息传递出来了。

下面是一个关于刺绣的中英文介绍。

原文

刺绣是指使用针线装饰布料或者其他材质的织物，使其变得更加美丽的工艺。刺绣的材料有珍珠、珠子、羽毛、亮片等。在现代，刺绣通常出现在帽子、外套、毯子、礼服衬衫、牛仔裤、裙子、长袜和高尔夫衬衫上。刺绣会使用各种颜色的线或纱线。刺绣工艺早期的针法和基本的技术主要是链式缝法、扣眼缝法或毯边锁缝针法、平伏针法、缎纹刺绣针法、十字针法。这些刺绣针法今天仍然是手工刺绣的基本技术。刺绣艺术已被全世界所熟知。中国的刺绣作品可以追溯到战国时期。中国四大名绣是指苏绣、湘绣、粤绣、蜀绣，是中国非物质文化遗产。苏绣是江苏省苏州地区刺绣的总称，有2000多年的历史。苏州刺绣素以图案秀丽，色泽雅致，针法灵活，绣工精致而著称。苏州刺绣技巧精细，颜色细腻高雅。苏州刺绣匠能以40种针法、1000种不同针线，在一块布料上绣出不同的自然环境主题，如花、鸟、兽、山水园林等。湘绣来自湖南长沙地区。湘绣的特点是以典雅的黑色、白色、灰色等色彩为主，注重光和影对比效果，突出图案三维立体质感。湘绣讲究虚实结合，如同中国山水画构图一样，充分利用留白。

译文

Embroidery is the craft of decorating fabric or other materials using a needle to apply thread or yarn. Embroidery may also incorporate other materials such as pearls, beads, quills, and sequins. In modern days, embroidery is usually seen on caps, hats, coats, blankets, dress shirts, denims, dresses, stockings, and golf shirts. Embroidery is available with a wide variety of thread or yarn color. Some of the basic techniques or stitches of the earliest embroidery are chain stitch, buttonhole or blanket stitch, running stitch, satin stitch and cross stitch. Those stitches remain the fundamental techniques of hand embroidery today. The art of embroidery has been found worldwide and several early examples have been found. Works in China have been dated to the Warring States period. The four major regional styles of Chinese embroidery are Suzhou embroidery, Hunan embroidery, Guangdong embroidery and Sichuan embroidery. All of them are nominated as Chinese Intangible Cultural Heritage. Suzhou embroidery is crafted in areas around Suzhou, Jiangsu Province, having a history of 2,000 years. It is famous for its beautiful patterns, elegant colors, variety of stitches, and consummate craftsmanship. Its stitching is meticulously skillful, coloration subtle and refined. Suzhou artists are able to use more than 40 needlework and 1,000 different types of threads to make embroidery, typically with nature and environment themes such as flowers, birds, animals and even gardens on a piece of cloth. Hunan embroidery comes from areas around Changsha, Hunan Province. It is distinct for its starkly elegant black, white and gray coloration. Its emphasis is on contrasts of light and shade that highlight the pattern texture to give a three-dimensional effect. Hunan embroidery composition combines void and solid imagery, utilizing empty space in the same way as Chinese ink and wash paintings.

在介绍中国非物质文化传统手工艺的时候会提到一些技术、技巧和技艺等,例如在提到刺绣工艺的针法和基本技术的时候就提到了"链式缝法、扣眼缝法或毯边锁缝针法、平伏针法、缎纹刺绣针法、十字针法",译为"chain stitch, buttonhole or blanket stitch, running stitch, satin stitch and cross stitch",采用了直译。此外,在介绍一些工艺的时候,中文往往习惯用一些四字成语,旨在体现恢宏气势,强化冲击力和感染力。在进行汉译英的时候,需要结合该项手工艺的特点和手艺人的精湛技艺体现手工艺价值。在介绍苏州刺绣的部分,用到了"图案秀丽、色泽雅致、针法灵活、绣工精致、技巧精细、细腻高雅、立体质感、虚实结合"等词汇,突出了刺绣的精美和精致以及颜色的巧妙使用。译文中,用了"beautiful, elegant, consummate, three-dimensional"。文中"苏州刺绣技巧精细,颜色细腻高雅"的译文是"Its stitching is meticulously skillful, coloration subtle and refined",译文中"coloration subtle and refined"表述欠佳,可改译为"Suzhou embroidery skills are fine, delicate and elegant in color"。文中有几处译文有待改进,如"被全世界所熟知"被译为"has been found worldwide","熟知"一词译为"be found"在意思上有较大出入。"中国山水画"译为"Chinese ink and wash paintings",经查阅"中国山水画"的官方翻译为"Chinese Brush Painting"。在进行非物质文化遗产文化术语输出的时候,建议用统一的术语或是约定俗成的表达。

下面是一个关于粤绣的中英文介绍。

原文

粤绣至少可以追溯到1000年前。粤绣受民族民间艺术的影响,形成了自己独特的风格,刺绣图案以龙凤、花鸟为主,粤绣图案规整,色彩对比强烈,主要用于制作服饰、厅堂装饰和日用工艺品。粤绣色彩鲜艳,图案整齐,以龙凤为主,突出作品有"百鸟朝凤"和"九龙屏风"。

译文

Guangdong Embroidery or Yue Xiu (粤绣), dates back to at least 1000 years. Guangdong Embroidery influenced by national folk art, Yue embroidery formed its own unique characteristics. The embroidered pictures are mainly of dragons and phoenixes, and flowers and birds, with neat designs and strong, contrasting colors. Floss, thread and gold-and-silk thread embroidery are used to produce costumes, decorations for halls and crafts for daily use. Guangdong Embroidery is usually colorful and bright with neat patterns, with a dragon and phoenix predominating among the images. Prominent works are "Hundred Birds

Pay Homage to the Phoenix"（百鸟朝凤）and "Screen of Nine Dragons"（九龙屏风）.

在以上的译文中，多次用到了中文标注。文中在翻译"粤绣"的时候采用了直译加音译以及中文标注的方式，加注了中文汉字"粤绣"。这样的翻译处理方法，在弘扬我国非物质文化遗产的同时，把汉字传播了出去。以上的中文介绍充分体现了中文重形合的特点，全文只有三句话，却把刺绣图案的内容、风格、特点、刺绣的用途以及主要作品一一进行了介绍。在译文中使用了增译法补充说明了刺绣工艺在面料上所用到的各种线，"Floss, thread and gold-and-silk thread embroidery are used to produce costumes, decorations for halls and crafts for daily use"，这样的补充说明使读者更加清楚刺绣所用的工艺材料。在文末提到的粤绣代表"百鸟朝凤"和"九龙屏风"分别都采用了意译的方式，同时备注了中文文字，凸显中国特色。在一些粤绣的展示品、商品、纪念品中，图案有可能就同时绣上相关的字样，这样就更加有利于外国友人对粤绣的了解和认识。

中国非物质文化遗产是民族、地域色彩极其浓郁的文化概念，带着千百年来民众生活方式的印记，集中体现了中华民族的民族性，也具有最大程度的异质性。这类文化概念甚至无法通过音译基础上的意译来翻译，因为它们不存在于西方生活经验与文化认知中，意译不足以令读者对文化对象获得清晰、完整的认识，还会丢失一部分异质性，这种情况下，音译加注成为一个必要手段。传统手工技艺渗透于世代中国人生活中，是中国传统文化的一个重要组成部分，也是需要采用直译加注的一个重要非物质文化遗产门类。但与此相关的概念不存在于西方读者脑中，无法通过查找权威词典来寻找替代词，故采用音译加注，以传达其核心含义。需特别注意的是，因传统手工技艺距离我们时间久远，再加其制作流程繁多、复杂，因此，准确理解和弄清其实质意义是翻译这类非物质文化遗产的前提。另外，尽管音译是文化概念翻译不可或缺的一种手段，但不可滥用，一个充斥音译的翻译文本无异于天书。音译需适时使用，只有在我有他无的情况下再考虑音译加注。

第六章　非物质文化遗产翻译研究的新方向

第一节　平行文本比较模式

联合国要求非物质文化遗产申请方提交的信息资料包含非物质文化遗产的"描述"和"提名表"（以表格形式呈现）两部分，填写项目包括缔约国（方）名称、非物质文化遗产名称、特征、简要总结（包括定义、对促进文化对话的贡献等）等，并在填写说明中明确要求"以尽量客观的语言"填写。按照德国功能翻译学派赖斯（Katharina Reiss）的文本类型论划分，非物质文化遗产文本应该归为"以内容为中心，客观陈述信息、知识、观点的信息型文本，该类文本使用逻辑性或指示性语言"，语言功能就是给读者提供信息。英国著名翻译理论家纽马克（Peter Newmark）提出语篇功能分类说，将所有语篇体裁分为三大类，即表情类（expressive）、信息类（informative）和呼唤类（vocative）。表情类语篇包括严肃文学作品、人物传记、演讲等；信息类语篇包括科技文献，包括杂志文章、论文、会议记录等；呼唤类语篇包括广告、政治宣传、公共告示、劝诱性文章等（Newmark，2001）。非物质文化遗产的对外宣传属于信息类语篇。

平行文本（parallel text）是一种语言、文本类型以及题材与源文本能够一一对应的文本，指并排放在一起、可以逐句对照阅读的原文及其译文，把众多的平行文本搜集起来，按一定标准组合在一起就形成平行语料库（parallel corpora）。平行文本也指与原文内容接近的中文或英文参考资料，一种平行文本是中英文对照，另外一种是单独的英文或中文内容。哈特曼（Hartmann）把平行文本分为三类。第一类为形式上非常一致的译文及原文，第二类是形式上不完全一致，但是功能对等的译文与原文，第三类是在同样交际情境中独立产生的两种不同语言的版本。平行文本资料可以是专题性的文章，也可以是百科全书中的词条，甚至包括词典中的解释和例句。这是对平行文本的狭义解释。广义的平行文本也包括与原文内容相似的译出语资料，主要用于更深入地理解原文。简单说，平行文本就是与原文内容接近的任何参考资料。不是所有的文章都有100%双语对照的平行文本，所以一般是分别搜索出对同一个事件的中文和英文报道，交叉比对。两个平行的文本是属于同一文本类型的文本，它们甚至可以视为某种文本类型的典型。许多特殊的专业术语甚至在一些非常专业的字典中也是找不到的。如果在许多所谓的平行文本中寻找这些术语，这些文本的题材应当十分相近，其使用的语言也应当跟译入语是一致的。平行文本于译者而言，就像是一双隐形的翅膀。一方面，它可以帮助译者深入理解原文，另一方面，它能帮助译者找到恰当的表达去呈现原文，同时最大限度地确保译文的准确性。平行文本可以帮助提高汉译英的译文质量。不仅术语，平行文本中的很多表达和行文风格都是可以借鉴的。平行文本不仅可以用于翻译，还可以用于广义上的英文输出。

找到平行文本，其根本的目的是应用在译文或英文写作中，即所谓"内化"。在互联网上可以非常方便地找到许多专业领域的平行文本。平行文本对译者提出了很高的要求，在将源文本转换为译入语时，译者必须考虑到文本涉及的文化、语域、文本功能、语境、目的、场景、搭配和术语。因此平行文本并不是翻译文本，而是属于同一类型的文本，平行文本也是译者必不可少的辅助工具。可以说，它们是不同语言的对应文本。平行文本为翻译等值服务，这意味着翻译人员可以通过使用平行文本来进行翻译，从而使得翻译出来的译文读起来就像是在用译入语读原文一样。另外，平行文本提供的术语是在语境中的术语，这对于消除歧义而言十分重要。平行文本为译者提供了词典、词汇表和术语数据库所无法提供的信息。理想情况下，译者可以将平行文本中的内容一对一地复制到译入语文本中。因此从某种意义上可以说，平行文本是译者必不可少的翻译工具。平行文本一方面可以加深对原文的理解，另一方面可以帮助积累更多对应的目的语表达，养成良好的翻译习惯。译者可以先借助源语平行文本充分理解原文，然后通过查找目标语平行文本对对应表达进行积累，再使用对应的地道表达呈现原文。无论是英译汉，还是汉译英，平行文本都能够帮助提高译文质量。正所谓"他山之石，可以攻玉"，当不确定用词、表达甚至结构的时候，求助权威文章，能够汲取长处，完善译文。

在使用平行文本的时候需要注意以下几个问题。第一，要留意平行文本的多样性。在收集和搜索平行文本时要注意渠道的多样化，从不同的平台和途径收集相关资料并进行对比分析，避免因数量不够、个别词典或软件翻译不全而出现信息不完整。第二，要注意平行文本的权威性。通常本土网站或者本国人的文本是首选。比如在对比分析译法是否符合英语为母语的表达习惯时，就应参照英美国家本土网站，而不是出现在第三方的资料。第三，要注意平行文本与原文本之间的差异，包括语法、句法、修辞手法和表达风格等的差异。比如汉语的一些文本使用较多修饰语，显得辞藻华丽；而英语的一些文本行文用词简洁明了，句式结构严谨，风格简约。中文的表达更加委婉含蓄；英文的文本更加直截了当，开门见山。

就非物质文化遗产外宣翻译而言，平时文本是一个对比分析英美国家和地区非物质文化遗产的表达的良好途径。非物质文化遗产具有非常明显的地域性和活态性，蕴含着深厚的民族文化特色。非物质文化遗产的外宣翻译具有巨大的挑战性。汉英双语平行语料为非物质文化遗产翻译研究提供了新视角。因为非物质文化遗产的独有性、民族性和地区性，每个国家和地区非物质文化遗产都是独一无二的，但是从非物质文化遗产的分类来看，可以分成几个大的类别，在相同类别的非物质文化遗产文本中进行语言、风格、内容分析，可以让我国的非物质文化遗产外宣更贴近目的语国家的语言表达，能够更好地传递信息。

平行文本可以最好地展现目的语文本的体裁规范，在进行非物质文化遗产英译的时候，建议要合理选择和分析不同项目的平行文本，厘清其所具备的宣传和表意功能，以免在翻译时过于急躁、随意，忽视译文的传递效果，或是没能成功地展现所选素材的文本功能。通过阅读平行文本来了解译文应遵循哪些相应的文本体裁规范，可以避免译文不伦不类，更好地帮助原文本取得良好的外宣效果。

寻找平行文本需要先浏览原文，找到原文表达的中心话题，然后检索关键词去查找相关领域的资料。如果对应到一个词语的翻译，就需要进一步检索原文，通过不断地转换关键词去查找最准确的译文。学会寻找平行文本，并且利用好平行文本是提升翻译质量的一大核心技巧。通过平行文本可以了解到专业领域的知识，无论是加深对译入文的理解，还是提高译出文的专业性方面都大有裨益。

尽管优点明显大于缺点，但平行文本也有其不容忽视的缺点。译者在寻找平行文本时最大的困难在于，要找到适合不同翻译项目的各类平行文本。例如，如果翻译人员不知道如何正确地翻译原文本中包含的重要术语或标题，那么搜索平行文本的过程可能就会变得非常烦琐和困难。当这种情况出现时，译者必须在搜索平行文本之前先进行术语检索，因为只有使用正确的名称（通常是标题或重要的关键字）才可以寻找到平行文本。此外，译者通常很难甄别（在互联网上）发现的平行文本的时效性、质量和可靠性，而且有时很难区分平行文本和翻译之间的差异。大多情况下寻找平行文本的最佳途径都是通过互联网，而寻找平行文本的主要困难则在于选择合适的文本、甄别文本出处的质量和区分平行文本与翻译之间的差异。

蒋丽平（2022）对非物质文化遗产汉英平行语料库的创建与应用进行了探讨。研究以广东省为例，从建设非物质文化遗产平行语料库的必要性、语料构成、语料来源、语料的标注与检索等方面，全面地介绍广东非物质文化遗产双语语料库的创建方法，并探讨其在非物质文化遗产翻译语言特征研究、翻译质量评估、计算机辅助非物质文化遗产翻译教学模式等方面的应用，以此助力基于实证语料的非物质文化遗产翻译研究。研究表明，平行语料库与翻译实践结合得最为紧密，对翻译实践的作用也最为直接。运用平行语料库对非物质文化遗产文本翻译展开研究是一条行之有效的新路径。然而，将非物质文化遗产翻译与语料库结合起来的研究不多见，基于地方非物质文化遗产创建双语平行语料库的研究更是罕见。即使有平行文本语料库，但是所建语料库样本较小，没有针对非物质文化遗产类别进行分类建库，且大多并未能实现在线检索，因而应用价值相对有限。从整体上看，我国对于非物质文化遗产的翻译研究尤其是基于双语平行语料库的非物质文化遗产翻译研究成果比较少，有必要创建非物质文化遗产双语平行语料库，规范非物质文化遗产翻译，为非物质文化遗产翻译实践提供质量保证。这一现状为接下来的非物质文化遗产外宣研究以及语料库研究提供了新的研究空间和研究方向。

第二节 翻译修辞学视角

修辞（figure of speech；rhetoric）是指文辞或修饰文辞。"修"是修饰的意思，"辞"的本来意思是辩论的言辞，后引申为一切言辞。修辞的本义就是修饰和调整语言和言论，使说的话或写的文章更正确、更明白、更生动、更有利的方法，也就是在使用语言的过程中，利用多种语言手段以收到尽可能好的表达效果的一种语言活动。自语言出现，人类就有了修辞的需要，例如，修饰自己的文章、语言，吸引别人的注意力、加深别人的印象以及抒发情怀。如果说语法是研究语言表达对不对的问题，修辞则是研究语言表达得好不好的问题。修辞包括很多内容，如词语的锤炼、句式的选择、各种修辞方法的运用等。修辞与人类交往行为有着密切的关系，是一种人类独有的并服务于人类的行为，研究的对象包括所有通过语言构建的人类社会的互动行为。从功能上看，语言作为修辞运用的象征手段，目的在于研究人类之间如何运用语言象征相互作用、促进理解、诱导合作。

修辞学是语言学的一门学科，是通过有效的演讲和写作增加自己说服力和影响力的艺术。修辞学是由柏拉图的学生亚里士多德发展起来的。那时候的修辞学更适合称为修辞术，是指演说的艺术。亚里士多德著作《修辞的艺术》的第一句描述修辞为辩证法的相对物，说辩证方法是找寻真理的要素，修辞方法用于交流真理。

修辞与翻译本质上都是一种言语交际行为，两者结合的研究源远流长。作为两门亲缘性很强的学科，修辞学与翻译学的互动催生出了翻译修辞学这一"分支学科"。翻译与修辞是自成体系的两个学科，有着密不可分的关系。两者之间最大的契合点是人类之间运用语言象征相互影响、诱导合作的行为，都与现实社会紧密相关。同时还都具有差异性、复杂性和促进知识产生性（generation of knowledge）的共同特点。翻译和修辞一样，都基于差异性和对立性，两者均为差异和冲突的调停者，都追求保持差异和多元共存（陈小慰，2021）。在对外传播中有着重要意义的翻译修辞学将翻译视为一种特殊的修辞活动。

  我们可以充分借鉴西方修辞的独特研究视角，提升对翻译学科和翻译行为本身动机、价值和意义的认知，明确学科目标，更好地回应学科关切，为深化翻译理论和实践研究提供更多可能。翻译理论和实践研究要把目光转向更加广阔的现实天地，不能局限于对语言文本或文本语境的关注。将翻译视作与现实社会紧密关联，以促进人类沟通、理解、合作为终极目标，通过运用语言象征相互影响，促成某种社会变化产生，我们就会对翻译有更高的定位和追求，使学科获得更多的生命力。翻译修辞为我们更好地关注现实和服务现实提供了一个可行并有效的路径。修辞的融入将使我们重新思考翻译中之前可能因为觉得理所当然而忽略或重视不够的许多问题，从一个新的角度回答诸如翻译的本体论问题（翻译是什么）和翻译的认识论问题（为什么翻译，为谁翻译，翻译如何进行），反映翻译行为的本质和实践特点，努力为现实翻译问题提供更加令人信服的解释、引导和理论支撑。简言之，修辞路径可以使我们看待翻译问题的视域更加多元、更加广阔、更具包容性，更能体现学科与现实的紧密联系性和生命力。

  翻译中的修辞观充分考虑原文和译文面对两个完全不同的修辞出发点、预期目的和动机意图、受众和制约因素差异等因素，将需要借助翻译消除或改善的认知差异通过积极诱导可能涉及的译文受众以及涵盖面更广的局限和制约因素纳入其中，强调译文选择，成为翻译效果的有效完善因素。从语言层面角度，原文是既定的、不可改变的，但是，如果把某一特定翻译行为的目的、译文受众、发生时间、呈现方式、地点、场合以及所有与之相关的因素均纳入考虑范围，看似静态固定的原文文字以及背后的相关环境在译语语境中便都具有了动态性，被赋予了不同的象征意义，并有可能对译语受众产生全新动态的认知方式和知识信息。翻译修辞存在于目的、受众、各种制约关系要素构成的关联网中，随着从源语到译语环境各种因素的改变，所有看似静态的原文各种细节和信息传递都发生了动态改变，这时候的翻译处理一定不能、不会、也不可能仅仅是静态的语言转换。虽然大的语言背景是静态的，但是更多的细枝末节来源于特定的语言环境，翻译也就是在各种动态变化中找到平衡点。不同的目的和受众是最大的改变因素，而相同的事项所指，在不同的文化传统、不同社会里，可能引发完全不同的象征、联想、情感反应和认知感受。这一点在注重运用译文话语促进跨文化人类社会良性互动的翻译修辞中更是如此。与此同时，翻译中的修辞观还为更好地运用翻译规范提供了符合现实的操作依据。关注和分析翻译中的修辞可以充分帮助译者根据特定语境灵活运用翻译规范。

  作为翻译学的一个跨学科研究领域，翻译修辞学主要指用修辞学理论来研究翻译问题以及研究翻译中的修辞问题。翻译与修辞的跨学科融合研究将翻译视为一种特殊的跨文化修辞互动行为，强调在现实社会中通过与译文受众的相互作用，积极运用译文话语，争取共识、理解与合作。对其开展进一步深入研究是翻译学科的题中之义，是时代的要求，也是学科可以从中获取更多生命力、价值和意义的所在。在全球化的今天，关注现实社会中的翻译问题是翻译研究和实践者义不容辞的责任。从修辞的视角重新审视翻译，会产生出许多新的思考，碰撞出更多的火花，帮助更好地认识和解决基本翻译理论和应用问题，值得深入关注。目前，这方面的研究数量不多，有待非物质文化外宣工作者、翻译爱好者、非物质文化遗产推广者和语言学者们通力合作，一起研究探讨出新成果。

第七章　非物质文化遗产的口译

　　前面提到的翻译是指笔译。笔译形式笔译是通过笔头，即书面或文字形式，把一种语言表达的思想内容用另一种语言来再现。口译是一种特殊的口头交际手段，顾名思义，通过口头的形式，把一种语言表达的思想内容用另一种语言再现。口译员通过口头表达形式，将所感知和理解的信息准确而快速地由源语语言形式转换成目的语语言形式，是一种以即时传递和交流信息为目的交际行为。其任务是在不同语言、不同文化的说话者之间发挥桥梁和纽带作用，使说话双方感觉不到语言障碍而自由地进行思想交流。口译是一种积极的、复杂的、具有一定创造性的意义再现活动，是一种集语言信息、语境信息、文化信息和心理信息于一体的复杂交际活动。

　　口译要求译者具有较高的驾驭英语和汉语的能力、多学科的知识和认真负责的工作态度。与笔译相比，口译还具有一些不同的特点。一方面，说话者的声音、语调、表情及肢体语言都有助于译员理解说话内容和说话者的感情色彩；另一方面，口译的过程是体现译者运用综合能力的过程，主要包括口译者的听力、记忆力、口头表达力、快速反应能力、语言能力、知识储备量等。不仅如此，由于口译速度是笔译的数倍甚至数十倍，且要一次成形，所以口译者还必须具备良好的心理素质。而且，口译者必须在短时间内独立完成工作，无法求助他人或参考资料。这些都增加了口译工作的难度。

　　口译按照其操作形式可以分为五大种类型，分别是同声传译、交替口译（交替传译）、接续口译、耳语口译和视阅口译。按照任务分类法可以

第七章 非物质文化遗产的口译

分为会议口译、陪同口译、技术口译、外事口译、军事口译、商贸口译、医学口译、展览口译、导游口译等。

口译作为一项高智能的思维科学形式和艺术再创造活动，其思维是一种抽象思维，需要精确的逻辑推理和分析。译员首先通过视、听接收信息，然后将接收到的来源语的信息码进行理解，获得语言和非语言形式所包含的各种信息，然后将这些信息暂储存下来，再通过思维将这些信息转换为目标语，最后用口头的形式表达给听众。

由于口译是在极短的时间内完成翻译任务，因此口译的标准也不同于笔译的标准。口译是为了实现交际双方准确、有效、流畅的沟通，口译的标准可以总结为：快、准、整、顺。快指的是说话者话音一落，译员就要开始把话中的重要信息传达给对方；准确地把最基本、最实质性的内容译出，即说话者的观点、要点，包括数字、日期、地名、人名以及人的职务或职称等，而不是译出每一个字、每一句话；整指的是传译中应该尽量保持信息传达的完整度，即翻译的有效性；顺指的是语言通顺，表达流畅，层次分明，逻辑清晰。

在对非物质文化遗产的介绍中，口译相对于笔译和其他外宣资料能够让口译对象更加直接地了解非物质文化遗产。口译的现场性、互动性和有声的信息传递方式及零翻译的使用能够让中国的非物质文化遗产的某些术语在口译交流过程中高频率出现，成为具有高辨识度的中国文化标签，从而让非物质文化遗产更好地传播和传承。翻译是能够让非物质文化走向世界的重要途径和方法，这也充分体现了前面所提到的特点之一——传播性。然而，鉴于非物质文化遗产的特点，在翻译中如何处理其文化特殊性是决定了非物质文化遗产能否正确被外国朋友接受和认识的关键因素。

零翻译（zero translation）是指不用目的语中现成的词语译出源语言中的词语，包括两层含义：（1）源文中的词语故意不翻译；（2）不用目的语中现成的词语翻译源文中的词语，包括音译法（transliteration）和移译法（transference）。音译法也被称作为相对/部分零翻译，移译法称作为绝对/完全零翻译。自从 2001 年邱懋如教授提出零翻译概念后，不少学者对零翻译有了更进一步的研究和探讨，讨论零翻译、不译（non-translation）和不可译（untranslatablity）之间的关系。

对于零翻译是否等同于不可译、可译与不可译这两个问题，中外学术界的学者们争议颇多。在邱懋如 2001 年提出"零翻译"概念之后，贾影（2002）紧接着就探讨了"不可译"，认为翻译中的不可译主要发生在语言和文化两个层面上，但是这种不可译可以用解释（paraphrase）或者外显化（explicitation）的方法避开，从而保证了源语的各种语义特征得以保留，而超越词汇层面则可以用补偿（compensation）的方法（罗国青，王维倩，2011）。零翻译其实是翻译的一种，只不过"它存在于比它更大的语篇翻译行为中"（罗国青，2005）。可译与不可译并不是绝对对立的两个概念，而是对立统一的关系。翻译工作不能够因为局部和部分的不可译而影响整体的可译性。

美国著名翻译理论家韦努蒂提出了归化（domestication）和异化（foreignizaiton），指出归化是为目的语和目的语读者服务的，而异化是为源语和原文作者服务的。归化和异化是翻译者在处理文化因素的时候常用的两种翻译策略。其中，异化被韦努蒂称作为是"抵抗式翻译"（resistant translation）。而为了更好地让读者了解源语言文化，保留源语的异国情调，使源语言的文化更好地得以传播，翻译者会更加倾向于用异化，因为在文化翻译中归化往往会使目的语读者产生误解，错误地认为在本文化中有相应的文化对等项。因此，从语篇的角度来看待异化策略，使用异化翻译策略的语篇就是零翻译语篇（石春让、覃成强，2012）。非物质文化遗产的对外宣传是为了中国的非物质文化遗产更多地被外国友人所接受，让一些非物质文化遗产的文化专有项成为中国文化的独有标识和具有高辨识度的中国名片。非物质文化遗产的英译是为了民族瑰宝的世界化，保留本民族文化的特色，因而，非物质文化遗产的外宣材料更多地会用到异化策略，让译入语的文本更加具有异国特色，从而达到非物质文化遗产外宣的目的。

口译是一种口头翻译活动，口头将译入语转换为译出语，通过有声方式把信息传递给口译对象，具有即时性、综合性、独立性等特点。口译有别于笔头翻译最大的一个特点就是即时性，口译员在进行文本处理的时候没有过多的时间去查阅相关背景资料和斟酌措辞。从口译员接收到译入语，无论是从听觉还是从视觉，到译出语的产出，整个过程持续的时间相

第七章 非物质文化遗产的口译

当短,这也就充分体现了口译的即时性。口译员在进行口译工作的时候没有充裕时间去思考译出语的精准度,再加上各种因素对口译员所造成的心理压力,因此,在口译中,灵活和迅速比完美更加重要。相对于笔头翻译,口译永远都不如笔译完美。口语化也是口译的重要特点之一,结构破碎的句子(broken sentence)将在口译中时有发生。但口译的现场性却使口译的方式更加灵活,同时,即时语境也会使译出语的接受者更好接受口译的"不完美",对口译内容的表现形式更加具有包容性。

英国著名翻译理论家纽马克提出了三种文本类型:表达型(expressive texts)、信息型(informative texts)和诱导型(vocative texts),并且认为以保留原文文化特色和作者风格为目的的表达型文本,如小说、诗歌、戏剧等应该采用语义翻译。而保留原文语言功能,旨在对目的语读者有所影响的信息型和诱导型文本,如广告、新闻报道、旅游宣传手册、科学论文等应该采用交际翻译法。交际翻译法更加注重目的语读者的理解、感受和反应,在措辞、风格和表达方式上都更加贴近目的语的习惯(Newmark, 2001)。从文本分类来看,非物质文化遗产文本应当是属于表达型文体,其外宣翻译为一个国家的非物质文化遗产走向国际起到关键性作用,成为外宣翻译的重要组成部分。非物质文化遗产英译的目的是非物质文化遗产的对外传播,让国际友人更好地了解和认识非物质文化遗产,从而使非物质文化遗产具有可持续性发展。口译作为一种通过语言媒介把一种文化传播到另一种文化的活动,是两种文化之间的相互碰撞和融合,早就不仅仅是一种语言符号之间的转换,它将更加直接地把中国的非物质文化遗产推向世界,口译是通过口语表达将信息进行传递,口译对象是通过听觉而不是视觉获取信息,因此,源语文字符号的音译和属于绝对零翻译中的移译或移译加解释更能够将非物质文化遗产很好地传播出去。

口译对象通过听觉接收到信息,而笔译读者是通过阅读。因此,在口译过程中,零翻译中的音译,加上现场的视觉感官,能够使口译对象更加清晰明了地知道口译的内容,让口译对象真正接触和记住非物质文化遗产。相信非物质文化遗产文化专有项音译在口译中的高频率使用能够大大提高其辨识度,从而使其得到更好的传播和传承。如蒙古族的传统艺术呼麦,英文表达为 khoomei,也可为汉语拼音 Humai,也有人通过意译把它翻译成为 throat-singing 或是 overtone singing。像呼麦这种极具特色的传统艺术表现形式，即使有详细的解释和介绍，仅仅通过文字描述，甚至是图片，口译对象也很难清楚地了解到底这是怎么样的一种表现形式，只有借助音频或视频材料的同时，口译的效果才会更加显著。因此，这种视频或音频材料等辅助方式能够帮助非物质文化遗产口译中的零翻译到达更好的信息传递目的。

口译具有现场性，如果条件允许，口译对象能够拥有直接的感官效果，可以非常直观地看到、听到、触摸到、感受到现场的氛围，这是译入语读者所不能够亲身体会的，同时，这也是口译相对于笔译的优势之一，也就是翻译中所提及的言外因素之一——情景语境（situational context）。有些非物质文化遗产的介绍只能通过亲临现场或观看视频才能够更加深刻地了解和认识，此外，口译员在口译时候的肢体语言也能够帮助口译对象更好理解口译内容。在非物质文化遗产口译中，情景语境可以让某些词汇空缺可以轻而易举地得到解决，如川剧变脸。川剧是流传于四川、云南、贵州等西南地区的一种戏曲形式，变脸是川剧中的绝活儿之一，吸引众多人的眼球。在川剧这项非物质文化遗产的口译中，变脸（face-changing）的口译值得探讨一下。请看例子。

原文

变脸是川剧中有代表性的艺术表现形式之一。表演者在剧中会穿上华美的服装，戴上色彩鲜艳的面具，以代表剧中人物不同的性格特征。在剧中人物一挥手、一拂袖和一甩头的瞬间，这些面具不断变换，从而表现剧中人物心情和状态的突然变化。这些不停变换的面具在中文中叫脸谱。事实上，脸谱是一种化妆艺术而非面具。

译文

Bian Lian, means face-changing, is one of the typical art forms in Sichuan opera. Performers in the opera will wear brightly-colored costumes and masks, which would demonstrate the different character in the opera. Those so-called masks will be changed from one to another instantly with handwaving, sleeve-tossing or head-moving to show the sudden change of the mood and state of the role. Those instantly changed masks are called Lian pu in Chinese.

Actually, Lian pu is a sort of make-up rather than mask.

变脸的术语表达通过移译加意译会让口译对象理解更加透彻。在提到川剧演员如何通过挥手、拂袖、甩头（hand-waving, sleeve-tossing or head-moving）进行变脸的时候，口译员结合肢体语言将会帮助口译对象更加准确地理解内容。此外，在对川剧变脸的介绍中，对脸谱和面具适当进行区分，也能够让受众更加了解中国戏剧。

口译的互动性可以使口译员在口译过程随时对口译内容进行调整，有针对性地进行补充解释和说明，因此每次口译内容的片段不会太长。非物质文化遗产具有浓郁的民族特点，并且对不了解该文化的人有较大的吸引力，使其充满好奇心和新奇感，因此，受众对文化专有项和文化空缺的英译更加具有包容性和接受性，这也使非物质文化遗产在口译过程中的零翻译运用成为可能。以下例子可以很好地说明在口译中互动性对口译内容的文化传递。

原文

口译员：影子木偶戏，在中国称作为皮影戏，是一种在灯光下用平面木偶形成移动的影子来展现故事情节的古老传统艺术。

口译受众：听起来也就是影子戏，类似于手影戏，对吗？

口译员：嗯，准确地说不是黑色的阴影，你可以在戏中看到色彩艳丽的人物角色。

口译受众：幕布背后的木偶是纸做的吗？

口译员：不是，木偶通常是用动物的皮制作的，通常是驴皮，也就是为什么我们有时也把它称作为皮影戏。

译文

Interpreter: Shadow puppet show or shadow puppetry, in Chinese we call it Piyingxi, is an ancient entertainment or a kind of storytelling which uses flat puppet to create the impression of moving humans and other three-dimensional objects to show the plot of the story.

Visitor: It sounds like shadowgraph, or something like hand shadow show?

Interpreter: Well, Shadow is not the shadow exactly; you can still enjoy the brightly-colored puppet in the play.

Visitor：Is the puppet made of paper？

Interpreter：No, actually, the flat puppet is usually made of the skin of the animals, usually the skin of the donkey. That is why we call it Piyingxi. Pi, in Chinese, means the skin or leather.

上例中口译员不仅把皮影戏的中文名称体现在译文中，还指出了中国的皮影戏不光是影子本身，还能够看到色彩鲜艳的人物角色，此外，通过增加对皮影的制作介绍，让口译受众了解到为什么叫皮影戏。以上口译内容体现了口译的口语性，较多地使用了语气助词，另外，第二人称的使用可以让口译受众感觉更加亲近。

在非物质文化遗产的口译处理过程中，提倡音译、音译加注、音译与意译相结合以及移译等的零翻译方式。因为在口译中，受众是通过听觉来接收信息，音译和移译能够让富有浓郁中国特色的非物质文化遗产通过有声形式高频率地得以传播。目前，关于口译中非物质文化遗产的翻译处理研究还不深入，许多非物质文化遗产的外宣翻译和官方公认的说法还不统一，需要大家对这个方面给予更多的关注和探讨。当然，要在口译中很好地把中国非物质文化遗产这笔宝贵的财富在全世界范围内推广和传播出去，口译的一些特殊性质和属性也对口译员提出了更高的要求。

非物质文化遗产的活态性足以证明其现场展示的吸引力。非物质文化遗产的现场展示具有较大的观赏性和表现张力，因此，在自然状态下非物质文化遗产英译如何在各种模态的介入下很好地进行意义传递和文化传播具有重要的实际意义。该类研究主要涉及文化遗迹现场导游词的翻译、纪念馆讲解词等现场互动性极强的多模态形式下的翻译。

结　语

本书探讨了图文新时代下非物质文化遗产的传播方式，从多模态角度分析了非物质文化遗产的对外传播效果，探讨了非物质文化遗产传播中的图文关系以及非物质文化遗产传播中的视觉修辞。这些内容是目前关于非物质文化遗产传播中少有的视角。在进行非物质文化遗产翻译的研究中，加入了对非物质文化遗产翻译中的跨学科研究，并针对非物质文化遗产的不同分类，了解其特点，提出更加有效的翻译方法和策略，以利于提高翻译输出质量，提升翻译传播效果。本书提出了非物质文化遗产翻译新方向：平行文本比较模式和翻译修辞视角，这两个视角为非物质文化遗产的翻译提供了新的研究空间和研究方向。平行文本比较模式对非物质文化遗产翻译进行研究是通过把众多平行文本搜集起来，按一定标准组合在一起形成平行语料库，通过比较分析，找到适合我国非物质文化遗产对外翻译的最佳途径。翻译修辞学是一个新的研究领域，可用于各类应用型文本的翻译，对非物质文化遗产对外翻译质量的提高有重要作用。翻译的修辞语境观能够帮助做出贴合特定修辞语境的翻译选择，有助于促进非物质文化遗产的传播，增进理解、交流与合作。本书还探讨了非物质文化遗产的口译，研究在面对面交流中如何处理非物质文化遗产的翻译，口译的互动性可以使口译员在口译过程随时对口译内容进行调整，并有针对性地进行补充解释和说明。

参 考 文 献

[1] 陈芳蓉. 中国非物质文化遗产英译的难点与对策 [J]. 中国科技翻译, 2011（2）: 41-44.

[2] 陈红玉. 视觉修辞与新媒体时代的政治传播 [J]. 新闻与传播, 2017（1）: 179-183.

[3] 陈汝东. 新兴修辞传播学理论 [M]. 北京: 北京大学出版社, 2011.

[4] 陈小蓉, 陈斌宏, 邓宏, 严艳纯, 何嫚. 我国体育非物质文化遗产资源数据库创建 [J]. 北京体育大学学报, 2017（10）: 127-133.

[5] 陈小慰. 再论翻译与修辞的跨学科融合研究 [J]. 英语研究, 2021（2）.

[6] 代树兰. 中西话语中语言与图像之间的研究关系 [J]. 外语研究, 2013（5）: 32-39.

[7] 邓启耀. 民俗现场的物象表达及其视觉"修辞"方式 [J]. 民族艺术, 2015（4）: 43-50, 81-84.

[8] 方梦之. 拓展跨学科翻译研究的广度与深度 [EB/OL]. 中国社会科学网, 2022-5-13.

[9] 甘莅豪. 图像的谎言: 符号交际视阈下的视觉修辞行为 [J]. 西北师范大学学报（社会科学版）, 2020（2）: 15-26.

[10] 高昂之. 非物质文化遗产的外宣翻译与国际传播: 现状与策略 [J]. 浙江理工大学学报, 2019, 42（2）: 136-142.

[11] 顾曰国. 多媒体、多模态学习剖析 [J]. 外语电化教学, 2007（4）: 3-12.

[12] 关熔珍. 斯皮瓦克翻译研究初探 [J]. 解放军外国语学院学报,

2008 (1): 62-65.

[13] 胡芳毅, 贾文波. 外宣翻译: 意识形态操纵下的改写 [J]. 上海翻译, 2010 (1): 23-28.

[14] 胡庚申. 翻译适应选择论 [M]. 武汉: 湖北教育出版社, 2004.

[15] 胡庚申. 生态翻译学: 生态理性特征及其对翻译研究的启示 [J]. 中国外语, 2011 (6): 96-99.

[16] 胡庆洪, 文军. 从传播学视角看中国非物质文化遗产英译——以福建非物质文化遗产英译为例 [J]. 上海翻译, 2016 (2): 43-46.

[17] 黄凌梅. 从非物质文化遗产分类看"传统手工技艺"概念的界定和保护 [J]. 文艺理论与批评, 2014 (2): 142.

[18] 黄友义. 坚持"外宣三贴近"原则, 处理好外宣翻译中的难点问题 [J]. 中国翻译, 2004 (6): 27-28.

[19] 黄忠廉. 翻译变体研究 [M]. 北京: 中国对外翻译出版公司, 1999.

[20] 贾文波. 功能翻译理论对应用翻译的启示 [J]. 上海翻译, 2007 (2): 9-14.

[21] 贾影. "零翻译"还是"不可译"——试与邱懋如教授商榷 [J]. 中国翻译, 2002 (4): 75-77.

[22] 蒋丽平. 非物质文化遗产汉英平行语料库的创建与应用 [EB/OL]. "中国非物质文化遗产"微信公众号, 2022-07-06 16: 42: 00.

[23] 李红. 视觉之势: 论视觉修辞的活力之源 [J]. 新闻大学, 2018 (4): 10-15, 149.

[24] 李寿欣, 张德香, 张建鹏. 组织型插图对不同认知方式个体说明性文本阅读的影响 [J]. 心理学报, 2014 (8): 1043-1051.

[25] 李宇明. 谈术语本土化、规范化与国际化 [J]. 中国科技术语, 2007 (4): 5-10.

[26] 李长栓. 非文学翻译 [M]. 北京: 外语教学与研究出版社, 2009.

[27] 梁兵, 蒋平. 旅游语篇多模态话语分析与中国文化对外传播

191

[J]. 外语学刊, 2015 (2): 155-158.

[28] 刘景钊. 意向性: 心智关指世界的能力 [M]. 北京: 中国社会科学出版社, 2005.

[29] 刘涛. 文化意象的构造与生产——视觉修辞的心理学运作机制探析 [J]. 现代传播, 2011 (9): 20-25.

[30] 刘涛. 视觉修辞何为?——视觉议题研究的三种"修辞观"[J]. 中国地质大学学报, 2018 (2): 155-165.

[31] 刘涛. 西方数据新闻中的中国: 一个视觉修辞分析框架 [J]. 新闻与传播研究, 2016 (2): 5-28, 126.

[32] 陆志国. 非物质文化遗产介绍性文本的英译研究 [J]. 外国语文, 2017 (2): 117-121.

[33] 罗国青, 王维倩. 零翻译与不可译——零翻译本质辨 [J]. 外国语言, 2011 (1): 116-120.

[34] 罗国青. 零翻译概念辩证 [J]. 上海翻译, 2005 (S1): 88-91.

[35] 潘文国. 译入与译出: 谈中国译者从事汉籍英译的意义 [J]. 中国翻译, 2004 (2): 40-43.

[36] 邵志洪. 英汉对比翻译导论 [M]. 上海: 华东理工大学出版社, 2010.

[37] 石春让, 覃成强. 语篇零翻译: 名与实 [J]. 外语学刊, 2012 (5): 109-112.

[38] 石祥祥, 王元元. 认知方式和插图效应对大学生文本阅读的影响 [J]. 中国健康心理学杂志, 2013 (3): 467-470.

[39] 覃海晶, 王东. 非物质文化遗产对外宣传中图文间性及其翻译 [J]. 新疆广播电视大学学报, 2019 (3): 62-66.

[40] 覃海晶. 生态翻译视阈下非物质文化遗产外宣翻译 [J]. 重庆文理学院学报, 2015 (3): 15-19.

[41] 屠国元, 李文竞. 翻译发生的意向性解释 [J]. 外语教学, 2012 (1): 97-100.

[42] 汪金汉. 视觉修辞视野下的语图关系这些脉络书写——以柏拉

图为中心 [J]. 新闻与传播评论, 2020 (5): 100-108.

[43] 汪燕华. 多模态话语中的图文关系 [J]. 外国语文, 2010 (5): 73-75.

[44] 汪燕华. 多模态话语中语类和图类的配置 [J]. 外语与外语教学, 2011 (3): 25-28.

[45] 王昌玲, 张德让. 意向性翻译批评研究 [J]. 山东外语教学, 2010 (5): 83-88.

[46] 王宏印. 试论文学翻译批评的背景变量 [J]. 中国翻译, 2004 (2): 36-39.

[47] 王宁, 刘辉. 从语符翻译到跨文化图像翻译：傅雷翻译的启示 [J]. 中国翻译, 2008 (4): 28-34.

[48] 王文章. 非物质文化遗产概论 [M]. 北京：教育科学出版社, 2008.

[49] 王文章. 非物质文化遗产概论（修订版）[M]. 北京：教育科学出版社, 2013.

[50] 吴林博. 河南民间文学类非遗项目的保护和传承 [J]. 中华文化论坛, 2017 (1): 90-95.

[51] 吴敏. 顺应论下河南非物质文化遗产外宣翻译策略研究——以钧瓷为例 [J]. 赤峰学院学报（汉文哲学社会科学版）, 2016 (10): 204-206.

[52] 吴书芳. 模糊翻译与专业术语的翻译 [J]. 中国科技术语, 2007 (3): 43-46.

[53] 肖坤学. 意向性视域下实体隐喻的翻译方法研究 [J]. 外国语文, 2012 (6): 104-107.

[54] 熊兵. 翻译研究中的概念混淆 [J]. 中国翻译, 2014 (3): 82-88.

[55] 徐盛桓. 话语理解的意向性解释 [J]. 中国外语, 2006 (4): 33-37.

[56] 许敏, 王军平. 中国非物质文化遗产文化概念的英译研究 [J]. 西安外国语大学学报, 2016 (2): 108-112.

[57] 薛婷婷,毛浩然. 国外视觉修辞研究二十年:焦点与展望 [J]. 西安外国语大学学报,2017 (3):29-34.

[58] 约翰·塞尔. 心灵、语言和社会:实在世界中的哲学 [M]. 李步楼,译. 上海:上海译文出版社,2006.

[59] 詹娜. 民间文学类非物质文化遗产的保护与生存困境 [J]. 云南师范大学学报,2013 (4):71-76.

[60] 曾衍文. 非物质文化遗产英译研究现状分析及探讨——基于 2007—2016 年数据 [J]. 四川戏剧,2018 (2):138-141.

[61] 詹一虹,周雨城. 中国民间音乐类非物质文化遗产分类研究 [J]. 湖北民族学院学报,2014 (3):24-27.

[62] 张德禄,穆志刚. 多模态功能文体学理论框架探索 [J]. 外语教学,2012 (5):1-6.

[63] 张玉勤. "语-图"互仿中的图文缝隙 [J]. 江苏师范大学学报,2013 (3):63-68.

[64] 郑晓幸. 让非遗活起来,扩大中华文化国际影响力 [EB/OL]. 中医药非物质文化遗产网,http://www.ichtcm.com/zixun/mingjiashidian/1286.html.

[65] 周晓梅. 翻译研究中的意向性问题 [J]. 解放军外国语学院学报,2007 (1):74-79.

[66] 朱永生. 多模态话语分析的理论基础与研究方法 [J]. 外语学,2007 (5):82-86.

[67] 朱月娥. 翻译主题生态系统中的译者主体性 [J]. 中国科技翻译,2010 (1):55-58.

[68] 朱月娥. 文化生态中翻译的中度干扰 [J]. 中国科技翻译,2013 (1):45-48.

[69] 诸国本. 传统医药与非物质文化遗产保护 [J]. 中央民族大学学报,2011 (3):49-53.

[70] Barthes R. Image. Music. Text [M]. London:Fontana,1977.

[71] Bernhardt S. Text structure and graphic design:the visible design [A]//Berson J,Greaves W et al. Systemic Perspectives on Discourse (Vol

2)[C]. Norwood: Ablex Publishing, 1985.

[72] Blair J A. The rhetoric of visual arguments [M]//Charles A Hill, Marguerite Helmers et al. Defining Visual Rhetorics. Mahwah, NJ: Lawrence Erlbaum Associates, Inc, 2004.

[73] Culler J. The pursuit of signs [M]. New York: Cornell University Press, 1981.

[74] Foss S K. Body art: Insanity as communication [J]. Communication Studies, 1987, 32 (2): 122 – 131.

[75] Hartmann R R K. Contrastive Textology [M]. Heibelberg: Julius Groos Verlag Heidelberg, 1980.

[76] Hatin B, Mason I. Discourse and the Translators [M]. London: Longman, 1990.

[77] Hill C A. The psychology of rhetorical images [M]//Hill C A, Helmers M et al. Defining Visual Rhetorics. Mahwah, NJ: Lawrence Erlbaum Associates, Inc, 2004.

[78] Hunter B, Crismore A, Pearson P D. Visual displays in basal readers and social studies textbooks [M]//Willows D M, Houghton H A et al. The Psychology of illusion (II). NY: Springer – Verlag, 1987.

[79] Katan D. Translating Cultures [M]. Manchester: St. Jerome Publishing, 1999.

[80] Kress G. Sociolinguistics and social semiotics [C]//Cobley P et al. The Routledge Companion to Semiotics and Linguistics. London and New York: Routledge, 2001.

[81] Mayer R E. Multimedia learning: Are we asking the right question [J]. Educational Psychologist, 1997 (32): 1 – 19.

[82] Newmark P A. A Textbook of Translation [M]. 上海: 上海外语教育出版社, 2001.

[83] O' Toole M. The Language of Displayed Art [M]. London: Leicester University Press, 1994.

[84] Paivio A. Mental representation: A dual coding approach [M].

Oxford: Oxford Univerity Press, 1986.

[85] Royce T D. Intersemiotic Complementary: A Framework for Multimodal Discourse Analysis [C]//Royce T D, Bowcher W L. New Directions in the Analysis of Multimodal Discourse. Lawrence Erlbaum Associations, 2007, 63 – 110.

[86] Royce T, Bowcher W L et al. New Directions in the Analysis of Multimodal Discourse [M]. Mahwah: Lawrence Erlbaum & Associates, 2007.

[87] Royce T. Visual-verbal Intersemiotic Complementarity in the Economist Magzine (Unpublished PhD thesis) [D]. UK: University of Reading, 1999.

本书部分翻译文本来自 https：//www.ihchina.cn/（中国非物质文化遗产网/中国非物质文化遗产数字博物馆）、http：//cn.chinaculture.org/（中国文化网）、https：//ich.unesco.org/en/lists（联合国教科文组织-文化-非物质文化遗产网页）以及相关公众号和平台，特此致谢。